여전히 어른이 되지 못한

김형엽 시집

시인의 말

빛을 잃고도
내 몸에 오래 부유하던 기억들에게
이름을 붙여주고 매듭을 지어 떠나보낸다.

성글고 연약하나
나로 하여금 시 곁에 조금 더 버티게 해준
고마운 숨결들이다.

저물녘 파도소리가
두어 걸음 더 깊이 들어와 보라고
속삭인다.

2022년 여름

김형엽

차례

005　　시인의 말

1부

013　　바닷가 마지막 집
014　　갱물
016　　종점 만다라
017　　물때를 기다리는 사람들
018　　이중창
020　　바람 속에 누가 있다
022　　벽에 걸린 수행자들
024　　내 마음의 뒤란
026　　어떤 해안선의 족보
028　　뱃사람, 강주
030　　두 고랑
032　　곤양댁의 겨울
034　　사월의 봉고차 조직 순례단
036　　굴막을 읽다
038　　물장화
040　　슈퍼 블러드문

2부

043 물집을 말리다
044 그녀, 시와 사귀다
046 전어가 왔다
048 실안 노을길에 들다
050 늦가을의 비는 심심해서
052 선장 K씨의 아득한 섬
054 십 년 후
056 당신 전기의 축약본
057 독거
058 저녁 능선
059 네가 피붙이로 느껴질 때
060 폭염 속의 배웅
062 마음이 쓰이다
063 노산공원 산책
066 신둘선 여사 복직하다
068 할머니의 장롱

3부

073 허밍
074 갱변
076 유년의 장마
077 눈물을 훔쳐 주는 방식
078 돌풍이 불어 닥친 날
079 소년, 자라다
080 여름 골목
082 삼켜지지 않는 기억
083 죽은 청둥오리를 줍던 겨울
084 여름밤을 열어보다
086 포구나무 연대기
087 피어라, 스피커
088 창선, 왕후박나무
090 여름 심부름
092 송포에서 대포항 방면 두 시 방향

4부

097 입항入港
098 대포항 2021년
100 봄물 들다
101 적막 속의 수박은 때로 사나워지니
102 조금 늦게 도착한 봄날의 추도사
104 한여
106 상강霜降
107 자정의 독백
108 흰 물소
109 어느 일요일의 걸음
110 팔월의 연방죽에서
112 가오리
114 가뭄
116 봄의 환幻
117 복사꽃 통신
118 아름다운 침잠沈潛

해설

120 물의 고향, 그 영혼의 신비한 방향성 김경복

1부

바닷가 마지막 집

오래전 옥이 언니가 살다 간 집
앉은뱅이 우물이 딸린 집
물때를 기다리는 사람들이
담벼락에 기대고 앉아 있던 집
바다에서 돌아온 아이들의 몸을
가장 먼저 헹구어 주던 집
봄이면 목련꽃 한 그루
새들의 등대가 되어주던 집
여윳돈이 생기면 그 집을 사
바지락 수제비를 팔고 싶던 집
그러나 나보다 먼저 무당이 들어와 살던 집
얼굴 한 번 본 적 없는 그녀가
누구의 배웅도 없이 떠나고
몇 달 후 무너져 내린 집
이듬해 가을장마 덮치던 날
폐허 속에 홀로 울게 할 수 없어
독기 오른 푸른 담쟁이넝쿨 칭칭 걸어
우물까지 마저 데리고 가버린 집

갱물*

늙은 여자들이
갱물 떠 집으로 간다

하루 종일 바다에 방목해 둔
시름과 눈물을 몰고 간다

출렁출렁
양동이 밖으로 떨어지는 갱물은
고요한 마을의 어둠을 닦고

살랑살랑
양동이 안으로 휘도는 갱물은
설겅대는 내 몸 훑어내며 간다

갱물의 발자국 소리 듣고
달빛도 어정어정 따라온다

갱물이 집으로 온 날은

늦은 밤까지 마당이 환한 날

하루 종일 깐 굴을
갱물로 말갛게 이는 소리에
대문가 늙은 개도 눈을 껌벅거리고

나의 등 뒤에서
굴 이는 여자들의 숨결 듣느라
달빛은 제 갈 길 한참을 놓쳐버리고

*갱물: '바닷물'의 경상도 사투리

종점 만다라

오전 아홉 시의 종점 부두
네 명이 앉을 의자에 일곱 명이 앉아 있다
조금만 낯이 익다 싶으면 여기 와서 앉아라
아린 무릎으로 구들이 되어 주고 등받이가 되어 준다
바지락이나 생선 꾸러미 담아 새벽 첫차로 나온 사람들이
싼값에라도 겨우 팔아넘기고 한 숨 돌리고 앉은 정류장
해가 떴으나 햇빛 들지 않는 의자에 앉아
서로의 온기로 비리고 젖은 몸을 말려주고 있다
먼저 앉거나 나중에 앉거나 서로 닮은 얼굴들이
겹겹의 주름진 연꽃 문양을 포개 놓은 하늘빛 만다라 같다
몇 송이 연꽃을 태워 용강행 버스가 가고 객방행 버스가 가도
네 명이 앉을 자리에는 여전히 일곱 명
햇빛 들지 않아 더욱 깊고 은은한 향기로
만다라는 접혔다 펼쳐지며 그 자리에 계속 번지고 있다
저 중에는 물건 다 팔지 못해 오지 못하는
새벽달 같은 동행을 기다리는 삶도 몇 있으리

물때를 기다리는 사람들

빈집 담벼락에 오도카니 앉아 있다
멀리서 보면 한 줄의 갯메꽃 같다

물때보다 먼저 나와 저리 고요히 앉아 있는 건
온몸으로 적어나간 어제의 자서전 한 바닥
자란자란 물결이 밑줄 그으며 읽어가는 소리
가만히 들어보고 싶어서다

제 삶도 별반 다르지 않다는 듯
시린 어깨 하얗게 들썩이고 맞장구치며
물결이 울고 웃는 소리에 함께 뒤척이고 싶어서다

물결이 깊숙이 읽어 나간 여운의 힘으로
오늘 써나갈 문장의 첫 호흡
가장 부드럽고도 둥글게 머금고 싶어서다

이중창

일주일이 멀다하고 세숫대야 뒹구는 소리가 나는 집
오늘은 대문 앞 측백나무 아래서 두 여자가 마주 앉아 바지락을 까고 있다
이렇게는 못 살겠다며 진주 아들 집에 간다고 가방 쌌던 며느리와
이웃 동네 딸네 집에 간다고 보따리 쌌던 시어머니가
아무 말 없이 바지락 까는 소리 이중창으로 되받아주고 있다
잔뜩 부아가 난 얼굴로 집을 나섰지만 결국
솔밭 머리 넘지 못하고 되돌아온 건
자분자분 속삭이듯 마음 흔드는 저 바지락 까는 소리의 기억 때문
그 소리로 이내 평정을 찾고
아무 말 없이 그 소리 따라 고개 주억거리며
서로가 건너온 삶의 진창에 잠시라도 닿아보려 한 기억 때문

반반한 데라곤 없는 세숫대야도 오늘은

측백나무 그늘에 누워 바지락 살 같은 햇살 톡톡 받아내며
마른 귀 흠씬 적시고 있다

바람 속에 누가 있다

누군가
파란 배를 당겼다
흰 배를 당겼다
힘에 부친 듯 잠시 잠잠하더니
다시 낡은 배를 당겼다
새 배를 당겼다가 풀썩 내려놓는다

분명 대포항을 잘 아는 이의 수작이다
배를 당겼다 놓을 때마다
새어 나오는 숨소리에서
정종 냄새가 난다

오늘은 평생 배를 탔던 만구 아재의 첫 기일
뱃사람의 대代만큼은 이으려 하지 않았던 자식들이
연거푸 올려준 술잔 거나하게 들이키고
먼 길 돌아갈 땐 배를 타고 싶었을까

바람 속에 누가 있다

예보에 없던 저 바람이 배 한 척으론 모자라
시퍼런 물결 끌고 다니며
늙은 포구마저 떠메고 있다
아주 벗어나려고도 했으나 끝내
스스로 묶여 있었던

벽에 걸린 수행자들

햇빛 들면 갯일 나간 어머니의 모습으로
그늘 들면 들일 나간 아버지의 모습으로
참선 중이다

햇빛과 그늘을 끌며
수천의 골을 파온 노동의 기억 죄다 비우고
다가올 경작을 처음으로 알고 있는 것처럼
모든 손끝은 새뜻하다

열 걸음쯤 물러나 보면
당신들이 걸어온 바람 속의 길이 보이고
스무 걸음쯤 물러나 보면
엑스레이 속 골다공의 뼈가 보이는 늙은 수행자들

창고 벽에 층층이 걸린
호미와 곡괭이와 삽과 쇠스랑 앞에서 나는 몸을 낮춘다
어머니 아버지 집을 비운 날은
묵언의 숨결로 어둠을 갈고 있는 그분들에게

고개 숙여 합장하는 것으로 안부를 대신한 지
벌써 여러 해다

내 마음의 뒤란

오랜만에 옛집을 가보았다
새 주인은 건물 대부분을 보수하거나 허물었지만
뒤란은 옛 모습 그대로 남겨두었다

감나무와 무화과나무를 오가며
햇살과 그늘이 직조한 문양을
도저히 포기할 수 없었을 것이다

새들이 날마다 갈아엎는
고슬고슬한 적막의 감촉을
도무지 걷어낼 엄두 못 냈을 것이다

몇 번은 삽을 푹 찔러 보았겠지만
항아리에 밀봉해 묻어둔 내 노란빛의 시간들
한사코 뿌리를 내려 꿈쩍하지 않았을 것이다

뒤란은 늦게라도 이리 올 줄 알았다는 듯

나를 보자 사금파리 덧니를 내보이며
활짝 웃는다

어떤 해안선의 족보

누군가는
심포에서 대포 가는 길을 묻고
누군가는
종포에서 대포 가는 길을 묻지요

심포 대포 종포에서 보는
와룡산 민재봉의 얼굴이 닮았고
물 빠진 사천만이
어디서 봐도 똑같은 행간을 지닌 까닭이지요

장화 신고 호미를 든 사람들이
자야 수복 용진 만호
물에 비친 배의 이름들과 닮았고

지는 해의 심장을 뚫고 들어오는 배 한 척
자기 어깨에 닿을 배인가 하고
세 포구 똑같은 순간에 머리 들어
기척을 보이는 까닭이지요

심포 대포 종포
마을 초입마다
조개껍데기 하얀 빛무리들이
'쓸쓸한'이라는 문패를 내걸고
낮은 지붕의 집성촌을 이루고 있는 까닭이지요

뱃사람, 강주

사람들이 강주라 불러 나도 그렇게 불렀다
나보다 열다섯이나 많은 그를
그가 있는 데서는 씩 웃기만 하다가
그가 없는 데서는 강주라 불렀다

그래야 바다를 좀 아는 사람 축에 끼는 것 같았다
때로 내 삶도 뱃심 두둑 파닥거리는 것 같았다
다시 먼 곳으로의 항해를 도모할 수도 있을 것 같았다

강주는 사십 년 넘게 배를 탄 사람
바다 깊은 곳에서
자신의 이름 부르는 소리를 들어본 사람
뒤집어진 배를 뒤에서 힘껏 껴안아 본 사람

이따금 고기잡이를 다녀온 이른 아침
아직 마을에는 당도하지 않은 먼 곳의 꽃숭어리 내음을
우리 집 대문 안으로 물컹하니 던져놓고 가던 사람

늘 옷이 젖어 있거나 소금꽃이 피어 있던
예순 중반보다 훨씬 나이 많아 보이는 그가
선창 의자에 비스듬히 앉아 졸고 있다

풍랑에 떠밀려 해안에 가까스로 닿은 부표처럼
가벼워진 몸은 바람에 기우뚱거리지만
꿰매다 만 그물의 벼리는 놓치지 않으려
굳은살로 뭉친 엄지손가락 끝에
칭칭 묶어 놓고 있다

두 고랑

하이선이 북상하는 저녁
어머니에게 전화를 했다
태풍 대비는 잘 하셨냐고 물으니
걱정 말라고
이 바람 지나면 마늘 심을 일만 남았단다

아무리 다그쳐도
아예 안 할 수 없다는 걸 잘 알아
올해는 제발 조금만 하라고 하니
두 고랑은 안 심을 끼다라며 말끝을 흐린다

그 말은
아직 어디에도 흩뿌리지 못한
당신 근심만큼의 종자가 남았다면
마저 두 고랑까지 심는다는 말

마침 건너오는 바람이 좋으면
구부러진 허리 한 번 펴느니

엎드린 채로 바람 따라 두 고랑을 어루만지며
함께 건너갈 수도 있다는 말

무심코 넘겨다 본 금문댁 밭고랑이
그 집 아들 허벅지마냥 딴딴해 보이면
두 고랑쯤 더 심는 것은 아무 일도 아니라는 말

곤양댁의 겨울

일흔 넘어 문해학교에서 글을 깨치고
여든이 될 때까지 일기를 써왔다

달력 뒷장이나 손자가 쓰다만 공책 여분에
틈틈이 기록한 세월
오늘은 미련 없이
몽땅 불쏘시개로 써 버렸다

되읽어 보니
기쁜 일이 한 줄도 없었다

죽고 나면 유품을 정리하던 자식들이
목 놓아 울까 봐
차마 그것만은 못할 짓이라 싶어
아궁이에 차곡차곡 소신공양으로 올렸다

차라리 살아있는 동안
자식들 머물다 갈

한 줄 따뜻한 구들로나 데워져라고

불길이나마 멀리멀리 가라고
잔뜩 엎드려 풍로를 돌렸다

사월의 봉고차 조직 순례단

오후 네 시
하루 중 가장 빵빵해진
적막의 와이파이에 귀를 모은다
그녀들이 돌아올 시간이다

새벽같이 회색 봉고차를 따라간
일곱 명의 여자들

벌써 몇 년째
똑같은 조직을 이루어
똑같은 코스를 달리고 있다

경사가 완만한 창선 고사리밭은
허리 굽은 몸도 그런대로 잘 받아준다는 것과
조직이 아직 건재하다는 것이
탑승의 유혹을 뿌리치지 못하는
나름의 명분이다

사월 한 달
사천 대례 마을의 봄을 가져다 파종하고
남해 창선 고사리밭의 봄을 가져와 파종하느라
수없이 몸을 접었다 펼쳤다
기어오르고 기어 내려온 여자들

벌써 몇 년째
대례 마을의 봄꽃들이 철없이 조숙해진 건
파종의 손길에 묻어 뿌린 기도의 파장

새벽부터 봄을 굴리는 일에도
몸 기우는 일에도 이력이 난
여든 안팎의 순례단이
아무 일도 없었다는 듯
더 둥글어진 몸을 애써 펼쳐 보이며
위풍당당 봉고차에서 내릴 것이다

굴막을 읽다

쪼시개 쪼는 소리에 맞춰
바람이 온종일 파낸 한 채의 양각화

문 밖에서 갯바람처럼 기웃거리며
당신의 실루엣을 찾는다

어둠이 쉽게 뭉치지 않게
쪼시개로 쉼 없이 빛을 교란시키고
그 빛을 끌어다 바다의 살점 훑어내며
겨울을 건너는 사람들

오랜만에 굴막 앞에 와서
쉬이 들어가지 못한다

문을 열면
겨울 사막을 횡단하는 낙타의 무릎과
불거진 등을 먼저 보게 될까봐

뻘 묻은 눈곱 눈꺼풀에 말라붙어
나를 바로 알아보지 못할까 봐

톡톡 톡톡
모스 부호 같고
바람에 엉킨 채 모래펄 건너는
녹슨 방울 소리 같은 굴막 속의 언어를
그저 문 밖에서 만지작거리며
당신의 긴 겨울을 가만히 거슬러 가본다

물장화

얼마든지 나를 늘려보세요
당신이 늘 주저 없이 빠져들었던 깊이에서
한 뼘 더 들어가도 괜찮아요
당신의 뜨거운 체온이 밀어준다면
목덜미까지 물이 차올라도 견딜 수 있어요
누군가는 내 거죽이
물이나 흙의 결에 알맞도록 만들어졌다 하지만
아니에요, 나는 당신이
걸음을 내디딜 때마다 불끈 솟아나는
수많은 혈관의 결에 익숙해지도록 만들어졌지요
당신의 혈관이 휘청거리는 나를 멈추게 하고
지루해할 겨를 없이 또 한 걸음 물속을, 그 깜깜함을
기꺼이 건너가게 해요
그러니 얼마든지 나를 늘려보세요
어느덧 늙은 당신을 닮아
늘어났다 다시 돌아오는 데 걸리는 시간
한참 더뎌졌지만
오늘 나는 당신이 가자는 대로 가서

저물녘에 돌아오고 싶어요
저물녘, 젖은 담벼락 아래
당신의 체온을 모조리 쏟아내어
당신이 키우는 여린 것들을
나도 덩달아 살려내고 싶어요

슈퍼 블러드문

큰 물결이 후욱 방파제를 덮친다
층층이 쌓인 통발들
위태롭게 흔들린다

며칠 사이 몸이 커져 어리둥절해진 달
얼마나 커졌나
통발에 슬그머니 발 넣어 보다가
그만 거친 발뒤꿈치가 걸리고 말았다

아등바등 빼보겠다고 뒤뚱거리느라
온몸이 붉어졌다

2부

물집을 말리다

골목이 누렇다
밤새 들이닥친 폭우에
속수무책 젖어버린 파지들
노인이 한 겹 한 겹 바닥에 깔고 있다
아직 해는 뜨지 않고
온전히 자신의 주름진 몸 안에 깊이 쟁여둔
바람과 햇살 올올이 풀어내며
오르락내리락
가파른 삶의 물집을 말리고 있다
노인의 젖은 맨발과 맨발 사이
용케도 길을 찾았는지
달팽이 한 마리
봉긋한 물집 한 채 지고 걸어가고 있다
서둘러 태양이라도 마중 가는 것일까
긴 촉수 동쪽으로 향해 있다

그녀, 시와 사귀다

아홉 시 뉴스 시그널이 나오자
전화벨도 울린다
그녀다

오늘 창선 고사리밭에 갔거등
나도 시라는 걸 한번 써볼라꼬
고사리를 똑똑 끊음시로
맘속으로 시를 써봤다 말이다
정동댁이 말을 걸어와도 대꾸도 안 하고
묵묵히 삼 연 정도는 써내려갔다 말이다

집에 오는 봉고차 안에서도
그런대로 잘 기억하고 있었는데
이기 잘 하모 시가 되겠다 싶어
기분도 좀 설렜는데

근데 우짜모 좋노!
너거 아부지 저녁상 물리고 공책에 써볼라카이

우찌된기 하나도 기억이 안난다
도대체 다 오데로 가버려시꼬!
참, 내 머리도 우습고
시라는 것도 우습고

쯔쯔쯔

당신이 혀를 차는 소리
당신의 시 행간에 부는 바람 같고
나는 당신이 들려주는 시를 시치미 뚝 떼고
습자지처럼 얇은 내 귀에다
또박또박 고사리 끊듯 베껴 쓰고

전어가 왔다

끼리끼리 논다는 말 맞다
성질 급한 사천만 전어
성질 급한 사람들 사는
여름 대포항 횟집 수족관에 서둘러 도착했다

전어 왔다는 소문 듣고
해마다 왔던 사람들이
무슨 계절의 증명서를 떼러 오듯 줄을 잇는다

돌아온 전어를 앞에 놓고
한 번쯤 집나갔다 돌아온 사람들처럼 마주 앉아
소주잔 기울인다

설컹설컹 잘근잘근 푸른 은빛의 바다를 씹으며
권태로운 여름의 비늘을 벗기며
서로의 마음자리를 기웃거리는 사람들

여기저기 걸쭉한 사투리들이

잘 삭은 전어밤젓처럼 몸에 퍼지면
우리는 좀 더 순해지고 말랑해져
전어 뼈 마디마디 캡슐처럼 박힌
바다의 리듬을 터뜨리며 따라서 흥얼거린다

그러다 여름이 조금은 성글게 여며졌다고
성질 급한 사람들이
들려줄 가을 노래는 없냐며
이동 노래방 주인에게 목청을 높인다

실안 노을길에 들다

실안 선창에서 사진을 찍는다
할머니 한 분 다가와
무슨 사진을 찍느냐 묻는다
풍경을 찍는다 하니
어디서 왔냐고 묻는다
대포가 친정인데 지나는 길에 들렀다 하니
할머니는 친정이 대포에서 가까운 사남인데
못 가본 지 오래되었단다

코로나 때문에
당신은 자식들 얼굴 보기가 더 어려워졌다고
친정 간다는 나를 부러워하며
사진 한 장 씩어 보내줄 수 있겠느냐 묻는다
마스크를 써도 고운 할머니를 몇 장 찍다가
마스크를 벗으니 더 고운 할머니도 몇 장 찍는다

할머니를 담은 사진은
딱섬과 마도와 늑도와 죽방렴이 둥근 어깨를 걸고

가족처럼 둘러싸여 있다는 걸 굳이 말하지 않는다
받아보면 할머니도 대번에 알아볼 수 있을 터

사천시 실안동 노을길 김판순
할머니가 또박또박 주소를 불러주고 돌아선다
뒷짐 진 두 팔에 그녀의 작은 그림자가
노을 무늬의 저녁 종처럼 업힌다

잘 나오면 영정 사진으로나 써야겠다
문득 새 한 마리 종을 스친 것처럼
그 말 오래오래 울린다

늦가을의 비는 심심해서

비가 내린다
우물을 기웃거리던 비가
와락, 폐어구폐어망집하장 쪽으로 쏠린다
누군가 버린 그물 뭉치에는
뼛속을 훤히 드러낸 채 말라죽은
물고기 몇 마리 붙어 있다
비는 바다로 끌고 가고 싶어 하는 것 같은데
그물은 옷 한 벌 없이 떨고 있는
녹슨 닻을 덮어주려 엎드린다
괜히 무안해진 비는
흥건하게 고이도록 오래 머물며
폐어구와 어망이 살아온 내력
탁본으로나 떠볼까 궁리하다가
투덜거리는 아이처럼 콕콕 바닥을 치더니
잽싸게 바다로 뛰어든다
저보다 외롭고 무료해 보였을까
서너 척의 배를 흔들며
점점 몸집 큰 비린내를 풍기며

어부 놀이를 하고 논다
전어 조업이 끝나고 보름 넘게 쉬고 있는 걸
비는 용케도 알아내고는

선장 K씨의 아득한 섬

삼천포항에서 신수도까지는 편도 십 분
왕복 여섯 차례 차도선을 운항하는 신수도호 선장은
언제까지 이 배를 타게 될지 모른다

지금은 하나의 섬을 오가지만
한때 그는 삼천포 푸른 바다를
노래와 입담으로 주름잡던 유람선 선장
그놈의 코로나 바이러스로 손님이 뚝 끊기고
급기야 항구 끄트머리에 유람선을 정박시켰다

그가 유람선의 선주는 아니므로
역병이 사라진다 해도 계속 운항할지 장담할 수 없는
저 붉은 유람선은 그에게 멀고도 아득한 섬

물보라처럼 일며 따라붙은 가난도
끝내 신수도호 객실 옆으로 옮겨왔으나
이 배마저 계약 종료일이 가까워지고 있다며
선장이 푹푹 한숨 내쉬고 있을 때

승객들의 운임료를 받아 온 그의 아내가
너덜해진 마스크 빛깔의 얇은 지폐 몇 장을 내민다

내일은 주말이니 낚시꾼들이라도 좀 타겠지
힐끗 아내의 눈치를 보며 중얼거리다
오늘 마지막 배편의 방향키를 더 불끈 쥐어보는 선장

서둘러 불빛 켜진 늦여름 팬데믹의 항구 속으로
무거운 뱃머리 들이미는 그의 검은 손등에는
오랜 세월 몸으로 축적해 놓은 뱃길의 지도 같은 혈관이
붉으락푸르락 연신 꿈틀거린다

십 년 후

자정 가까운 여름밤
아이들 재우고 나와
솔밭 뒤로 푸른빛 유성이 떨어지는 걸 보았다
깜짝 놀란 개구리들이 울음 바구니를 엮어
데굴데굴 굴리며 놀겠구나 생각했다
날이 밝으면 어린 아이들 그 속에 풀어놓고
마디마디 여물도록 온종일 놀게 하리라 생각했다

십 년 후

얼었던 땅이 녹을 즈음
그곳을 찾아가 보았다
봄이면 열다섯이 되는 딸을 데리고 갔다
진주 비닐하우스 농장에서 발견된
로또 운석 뉴스를 떠올리며
코를 벌름거렸다
유성이 오래 눌러앉아 놀다 간 자리 같은
몇 개의 허방에서 내 몸 휘청거리고

걸음은 자꾸 꼬여 내려다보니
개구리 울음 바구니의 흔적 같은 도둑가시들
쭈뼛쭈뼛 엉겨 붙어 있었다
내 속내를 눈치 챈 딸은 창피해 달아나 버리고
누군가 숨어 낄낄 웃고 있는지
솔밭이 몇 차례 파르르 몸을 떨고 있었다

당신 전기의 축약본

세상 떠나기 전 닷새 가량
당신은 무척 바빠 보였다고 했다

이천오백 원의 구판장 외상값을 갚으시고
제비집 받침대를 새 합판으로 갈아놓으시고
개펄의 흔들리는 말뚝 더 깊숙이 박아 놓으시고
골목길 공터에 토마토 몇 뿌리 심어 놓으시고
평생을 혼자 산 앞집 동무의 염소를 데리고 나가
배불리 풀을 먹이고 들어 온 그날 밤
좋아하는 일일연속극을 보시다
화면 밖으로 마지막 자막 사라지듯 가셨다

달리 몇 장 더 서술해서 무엇 하리
당신이 살아온 팔순의 삶
이 몇 가지 걸음들의 끊임없는 되풀이였던 것을

독거

녹슨 대문 걷어낸 자리에
타이어 두 개를 눕혀 놓았다

며칠 전 비가 내렸다 그쳤을까
아직 물기를 머금고 있는 타이어는
그녀의 눈동자 같다
눈곱이 자주 끼고 괜히 눈물이 나온다던
어느 그믐밤 전화선 너머의 쓸쓸한 눈동자

홍채인식을 해야 열 수 있는 문이라도 되는 듯
내 눈을 타이어 가까이 갖다 대는데
어디서 새끼 고양이 한 마리 다가와
타이어 안쪽에 둥글게 눕는다

지난가을 혼자가 된 그녀
말없이 제 곁을 오가는 이를 위해
녹슨 대문 걷어 낸 자리에
방 두 칸을 들여놓은 모양이다

저녁 능선

문 닫힌 산포우체국 앞
노파 한 사람
옥수수를 담고 있다
오늘은 때를 놓쳤으나
내일은 첫 짐으로 보내려고
차곡차곡 눌러 담고 있다
하나라도 더 넣으려
꾹꾹 눌러 만든 빈자리에
노구마저 담는 것일까
자루 밖으로 자꾸 삐져나오는
헝클어진 옥수수수염
노을에 물든
노파의 흰 머리를 닮았다

네가 피붙이로 느껴질 때

겨울 한 철
당신이 너를 데리고 들어가
이불을 지그시 덮어줄 때

당신이 바다에서 돌아올 저녁 무렵
네가 골목 입구 하얀 플라스틱 의자에 앉아
자꾸만 바다 쪽을 바라볼 때

당신이 세상을 떠난 며칠 후
대문 앞의 자전거 페달을 몇 번씩 돌려보더니
너도 집을 나가 아주 돌아오지 않을 때

폭염 속의 배웅

얼마 만에 집 밖을 나온 건가
할머니와 나뿐인 폭염의 한낮
뒤란의 하얀 부추꽃밭 위에
일광욕하는 검은 짐승을 보았다

이 난감함을 어쩌지 못해 이웃집 아재를 불렀다
긴 막대기를 들고 나타난 아재는
가까이 가는 것은 무례라는 듯
서너 고랑 멀찍이 서서
일자로 누운 먹구렁이를
막대기로 슬슬 간질이며 걸음 옮기게 한다

자, 자 천천히 가 보입시더, 댁이 이쯤은 되능교?

부추꽃밭을 지나
몇 개의 구멍이 뚫린 콘크리트 담벼락 아래까지
공손하게 배웅해 주던 아재가
뜬금없이 폭언을 던진다

앞집 종찬이 눈에 안 띄길 다행으로 아소
고마 독한 소주에 몇 년 담가놓고
허리 아픈 울 어매 잡수면 딱이겠는데…

그 말을 들었을까
먹구렁이가 잠시 멈추더니
다시 폭염의 어둠속으로
칭칭 햇살을 감고 들어간다

똬리 틀고 앉았던 부추꽃이 천천히 일어서고
먹구렁이만 한 뜨거운 햇살 한 줄기 덜어진
뒤란의 폭염은 정오보다 1도는 내려간 듯하다

마음이 쓰이다

집으로 돌아와
문득 초록을 올려다보니
마음이 쓰인다

시내로 가는 차 안에서 불쑥 나타난
사마귀 한 마리

어디다 내려주긴 해야겠는데
이왕이면 나의 목적지도 좋겠다 싶어
구씨네 액자집 앞 풀밭에 내려놓고 왔다

그 녀석 111년 만에 기록을 깬 이 폭염
어떻게 견디고 있는지
그늘 깊어 쉴 만한 자리에 안착은 했는지

창문 밖 하늘거리는 어린 대나무 잎이
녀석이 막 지나간
아슬아슬한 걸음의 떨림 같다

노산공원 산책

팽나무 옆 벤치는 편안하신가요
오랜만에 꼬인 다리도 풀 겸
저와 잠시 걸어보는 건 어때요

오늘처럼 노산공원에 벚꽃이 흐드러진 옛날
단연 터줏대감은 비둘기였지요
벚꽃잎으로 창호를 바른 비둘기집은
다른 새들도 세 들어 살고 싶어 안달이 나
늘 시끄러웠지요

연인들은 푸드덕 날아오르는
비둘기 날갯짓 속에서 함께 구구거리며
두루뭉술 어설픈 마음을
가장 쉬운 언어로 전하곤 했지요

비둘기는 어디로 갔을까요
과자부스러기로 길들였던
매점 주인이 데리고 갔을까요

오늘은 나도 비둘기 무리에 엮여
거칠게 맴도는 속엣말들 마냥 주절거리고는
내 입에도 벚꽃잎 창호지를
팽팽하게 바르고 싶습니다

박재삼 선생님
수년째 말쑥하게 차려입고
바람의 장난*만 기다리지 마시고
오늘은 저와 함께 공원을 걸으며
비둘기나 찾으러 가보아요

찾다가 찾다가 없으면
노산공원* 아래 삼천포실비집에서
소주 한 잔에 꼼장어 한 접시 대접하구요
그래도 심심하면
비둘기색 옷을 입은 뱃사람들과 합석해
그들은 징검돌마냥 딛고 다니는

신수도 사량도 두미도 사람들의 서러운 사랑 이야기*나
오래오래 들려달라고 해요

* 「바람의 장난」, 「서러운 사랑 이야기」는 박재삼 시인의 시에서 차용
* 노산공원 안에는 박재삼 선생님의 동상이 있다

신둘선 여사 복직하다

다시 자란 짧은 머리는 와인빛으로 염색하고
빨간 앞치마와 흰 장화를 장착한 일흔둘의 신둘선 여사
꼬박 이 년 만에 돌아오셨다

물통마다 낙지와 가리비와 멍게를 가득 채워 넣고
전방 오십 미터 앞에 여자들 몇 보이자
힘센 낙지 높이 들어 외친다

자, 오늘 마수걸이, 낙지 한 코에 삼만 원, 그저다 그저

먹물 쏘듯 톡 뱉어내는 소리가 쩌렁쩌렁 울린다
손바닥만 한 가리비 둘 덤으로 얹어주니
입소문 갯물 타고 금방 퍼지고
옛날 인심처럼 숭어 대가리도 던져줄까 싶어
늙은 갈매기들 몇 마리 창밖을 기웃거린다

그녀가 돌아왔다
삼천포 용궁 수산시장 밀물 상회 왕언니

한동안 말라 있던 그녀의 일터에
가슴 빵빵한 가오리 같은 물때표 달력 새로 걸리고

대방 상회 벌리 상회 굴항 상회…
천장에 빼곡히 매달린 둥근 플라스틱 간판들이
반짝반짝 왕언니 외치듯
바람에 맞춰 은빛 물결 차르르 일으킨다

할머니의 장롱

아흔 하고도 다섯
백발 할머니의 장롱은
자연사 박물관이다

오래된 옷 몇 벌과 이불 두어 채
반짇고리와 요실금 기저귀와
요강이라는 암석과
밥통이라는 광물이
칸칸이 들어 서 있다

시간의 부식을 막기 위해
장미표 나프탈렌 하나
쉬구멍에 볕 든 것처럼 대롱대롱

인간이라는 자연이
한 생을 사는 동안
반드시 거쳐야 하는 것들의 표본일까

백수 가까운 생을 통해 체득한 이치를
장롱 속에 압축해 놓은 할머니

무엇 하나 들어갈 만한 자리 한 칸
몇 년째 비워두신 까닭은
또 무엇일까

3부

허밍

합창 연습을 하고 학교 후문으로 나오면
주홍빛 비파나무가 두 팔을 벌리고 있었다
연습한 노래를 들려주면
열매 한 줌을 내어주마 속삭였다
그 꼬임에 넘어가고도 싶었으나
누군가 보고 있는 것 같아
그냥 지나쳐 버렸다
노래를 흥얼거리며
한 시간을 걸어 집으로 가는 길
팔분음표처럼 생긴 비파 열매가
빠른 걸음으로 따라 왔다
배고픈 내 입속에
달고 시큼한 노래가 고였다
마을에 도착하면
어느새 나보다 먼저 닿은 비파 열매가
파도의 해조음에 흠뻑 젖어
서쪽 하늘로 길게
붉은 허밍처럼 흐르고 있었다

갱번*

검게 그을린 아이들이 무리 지어 쏘다니던 날의 이름

논두렁이 바다와 맞닿아 있을 때의 본적

된장과 강아지풀로 쏙을 잡던 여름 한낮

마른버짐과 소금꽃이 번갈아 피던 날들의 얼굴

썰물과 밀물 소리 들으며 차득차득 키가 자라던 날들의 품안

포구에 묶인 배들을 주인처럼 호령하던 날들의 목소리

우리가 마당에서 정신없이 뛰어놀 때

어른들이 나가서 놀라며 쫓아 보낸 우주의 가장 먼 곳

집으로 돌아오는 길

조개껍데기 몇 개 주머니 속에서 만지작거리며

이것이 쓸쓸함일까 처음으로 되뇌어보던 날의 숨결

*갱번: '바다', '바닷가'를 뜻하는 경상도 사투리

유년의 장마

어디선가 간장 달이는 냄새 밀려온다 간장 달이는 냄새 속엔 장마철 내내 다리를 절었던 유년의 시간이 둥둥 떠다닌다 열한 살의 장마철, 그해에는 돌풍이 불어 바닷가 마을을 순식간에 뒤집어 놓았다 공터마다 폐목재가 쌓이고 엄마는 온 동네가 녹물 투성이니 함부로 쏘다니지 마라 타일렀으나 식물채집용 강아지풀과 쇠비름을 찾아다니다 폐목재의 못에 발바닥이 찔렸다 그날은 우리 집도 옆집 기호 집도 뒷집 봉열이 집도 간장을 달이던 날 할머니는 식힌 간장으로 못에 찔린 자리를 닦아내고 검은 된장 속에 부푸는 노오란 된장을 찾아 발바닥에 붙여주었다 절뚝절뚝 된장을 밟고 걸을 때마다 노란 된장빛은 내 몸에 번지고 장마 중의 햇살도 노란빛으로 익어갔다 그해 여름 절뚝거리는 동안 내 키는 삼 센티가 더 자랐던가 가장자리까지 치맛단을 뜯어내려도 여전히 짧은 노란 원피스에 도꼬마리 푸른 열매를 장식처럼 매달고 돌풍 지나간 자리를 물방개마냥 건너다녔다 풀독이 오를 대로 오른 여름의 물갈퀴를 활짝 펼쳐가며

눈물을 훔쳐 주는 방식

다들 여름이 길다고 수군거리던 그해 할머니는 대청에 서서 풀 먹인 모시이불을 밟고 할아버지는 우물가에 앉아 숫돌에 칼을 갈았다 아래채 쪽마루에 앉은 나는, 막내만 데리고 울산 방어진으로 가신 부모님을 생각하다 이따금 눈물을 훌쩍거리기도 했다 그날은 울 테면 목 놓아 울어보라 틈을 주려 한 것일까 울음을 가려주던 그늘이 내 몸을 빠져나갈 무렵 할머니는 모시이불을 더 힘껏 밟으며 대청을 쉴 새 없이 삐걱거렸고 할아버지는 칼날이 하얀 낮달 빛깔이 될 때까지 집안의 모든 칼을 꺼내와 숫돌에 갈았다 그리고는 칼날 헹군 세숫대야 물을 한 번 또 한 번 마당 깊숙이 세차게 흩뿌려 주며 나와 방어진과의 거리를 더 멀리 넓혀주었고 그 사이로 하얀 유카꽃은 물먹은 깃털을 털 듯 온몸 흔들며 하늘로 한 뼘 더 뻗어나갔다

돌풍이 불어 닥친 날

　수업 중에 안내 방송이 나왔다 대례마을에 사는 학생들은 빨리 가방을 싸 집으로 돌아가라고 했다 아침에 노란 깃발을 앞세워 한 줄로 학교에 갔던 우리는 뿔뿔이 흩어져 집으로 향했다 학교 근처 마을은 내리는 빗속에 얌전히 웅크리고 있을 뿐인데 학교에서 한 시간을 걸어가야 하는 우리 마을은 돌풍이 불어 닥쳤단다 철길을 건너고 미룡마을 저수지 둑을 오르자 바닷가 우리 마을이 보였다 빽빽한 방풍림이 폐선처럼 쓰러져 있고 우리가 귀가할 때면 가장 먼저 손사래 쳐주던 포구나무가 보이지 않았다 사라진 포구나무를 찾아 두리번거리며 울먹이는 아이도 있었다 이따금 발에 밟히는 푸른 탱자가 아직 멀리 있는 바닷가 춘희네 배밭 울타리에서 굴러온 것 같아 더럭 겁이 나기도 했다 질퍽한 생솔가지 냄새가 휘감은 우리 걸음은 흙탕물 속에서 자꾸 꼬였다 우리집은 어디가 무너지고 어디가 무사할까 걸어도 걸어도 마을 밖에서 마을 안으로 들어가는 일은 제자리걸음만 걷는 꿈속처럼 멀고 더디기만 한 날이었다

소년, 자라다

 풋사과와 죽은 돼지 새끼들과 짝이 맞지 않는 신발들이 해변에 밀려와 있다 간밤 우리가 도저히 문 밖을 나서지 못하고 있을 때 우리가 모르는 마을의 것들이 죽은 채 당도해 있다 우리가 모르는 마을의 해변엔 우리 마을의 무엇이 죽어 당도했을까 마저 오는 것인지 마저 가는 것인지 모를 나무둥치들과 부표들이 한 몸처럼 누런 물결 위에 맴돌고 있다 뒤집어진 바다를 보며 어부들은 부르튼 맨발로 선창을 오가고 밀려오는 물고기 떼의 주검과 어른들의 상심한 표정을 번갈아 보며 너는 눈물을 흘린다 뒤집어진 배들이 바다의 속살처럼 떠오른다 누가 부르지 않아도 너는 몸이 온통 젖은 어른들 틈에 끼어 아직 온기가 남아 있는 짐승의 꼬리 같은 배의 밧줄을 함께 끌어당긴다 얼굴 가득 뻘이 묻은 너의 아비가 마른 비늘이 붙은 너의 붉은 종아리를 보고 갠 하늘처럼 웃는다

여름 골목

주태 집 담벼락과 옥자 언니 집 담벼락 사이에 그늘이 든다 오후 세 시가 가까워지면 광주리에 소일거리를 담아 늙은 여자들이 모여든다 빈 배로 돌아와 밤새 술 마시고 늦잠 자는 남편을 타박하는 소리가 골목을 흔들어 놓는다 과부로 산 지 오래된 여자가 굽은 몸으로 삶은 옥수수 채반을 내려놓는다 아이들이 어른들 틈을 지나 골목을 오르내린다 어린 형제는 어제와 똑같은 욕지거리를 듣고도 듣는 둥 마는 둥 검게 빛나는 팔을 흔들며 바다 쪽으로 달려간다

오후 다섯 시가 가까워지면 골목의 그늘에도 잎맥이 생겨 팽팽하게 부풀어 오른다 아랫마을에서 놀러온 노파는 마늘 몇 알 까다가 구석에 누워 마른 포도송이 같은 뒤통수를 보이며 잠을 자고 두세 명은 봉열이 어머니가 뒤늦게 가지고 나온 고구마줄기를 톡톡 꺾으며 졸음 섞인 대화를 끊어질 듯 이어간다 연초록의 껍질이 막 불어오는 샛바람에 흔들린다 나는 여자들의 무리 맨 뒤쪽에 우두커니 앉아 있다가 그늘 귀퉁이에 모로 눕는다 내 몸을 덮은 그늘은 햇볕과 맞물려 짧지만 요새 키가 부쩍 자랐다고 과부댁이 말한다 나는 무심코 요 며칠

옥자 언니네 담장을 넘어 온 무화과를 따먹었다고 말하려다 그냥 웃기만 한다 오늘따라 옥자 언니네 무화과나무는 담장 밖으로 더 넓은 가지를 뻗어온다 내일은 어떤 걸 따 먹을까 몇 개를 찜해 놓고 고개를 돌리는 순간 옥자 언니 어머니의 모시 적삼 속 마른 젖꼭지와 눈이 딱 마주친다

삼켜지지 않는 기억

　장맛비 내린다 이 비는 삼십 년 전부터 시작되었고 나는 계속 이 빗속에서 살아온 것만 같다 그날 이후 장맛비에서는 누르스름하니 텁텁한 산초기름 냄새가 피어난다 남동생과 볼거리에 걸려 결석한 어느 아침, 우리는 아래채 툇마루에 앉아 할머니가 볶아준 콩을 오도독오도독 씹으며 마당에 넘치는 빗물이 대문 밖으로 나가는 것을 우두커니 바라보았고 그 빗물을 따라 할아버지는 와룡산 아래 마을로 산초기름을 구하러 가셨다 빗물을 너무 먹어 우물도 역겨워할 무렵 할아버지는 돌아오셨던가 흠뻑 젖은 몸을 닦을 새도 없이 우리 입속으로 두어 숟갈 맑은 산초기름을 넣어주었으나 목구멍에 걸려 쉬이 넘어가지 않았다 장맛비 내리면 나의 볼은 지금도 물먹은 능소화처럼 아래로 잔뜩 부푼다 문 밖으로 나가지도 못하고 여전히 결석 중인 아이가 되어 삼켜도 삼켜지지 않는 기억을 목구멍에 걸어두고 할아버지가 저벅저벅 걸어오는 소리를 듣는다 당신의 자전거 바퀴에 걸린 와룡산 칡넝쿨이 어푸어푸 비를 토하며 따라오는 소리를 듣는다 꿀꺽 한 숟갈 더 삼켜야 어른이 된다는 할아버지의 말씀 끝내 거역한 아이는 삼십 년이 지난 후에도 여전히 어른이 되지 못한 채

죽은 청둥오리를 줍던 겨울

 겨울 바다에 들면 물이 빠진 해변의 돌을 뒤지는 습관이 지금도 남아 있다 열두어 살 무렵 청둥오리에 대한 소문이 마을에 돌자 우리 또래 대여섯 아이들도 청둥오리를 찾아다녔다 누군가 뿌린 약을 먹고 죽은 청둥오리들, 새벽같이 나온 어른들이 이미 해변을 한 번 훑고 지나간 후 죽은 청둥오리를 줍는 아이는 드물었다 그런데 그날은 오리 두 마리가 연달아 내 눈에 띄었다 아이들의 따가운 시선을 뒤로하고 축 늘어진 오리목을 잡고 부리나케 집으로 달려갔다 마침 식구들이 마당에 나와 있던 일요일 아침 삼촌들은 깃털을 뽑고 할아버지는 수돗가에 앉아 노란 쓸개와 내장을 훑어내고 어머니는 무와 대파를 넣어 맑은 오리탕을 끓여주었다 열두 식구가 한 방에 겸상으로 앉아 나누어 먹던 청둥오리탕 지금도 겨울 바다에 들면 그날의 따뜻하고 기름진 한 끼를 둘러싼 모습이 흑백사진처럼 출렁이고 오직 후루룩 짭짭 후룩 소리만 내는 열두 개의 입술들이 청동빛의 파도를 물었다 씹었다 삼키며 겹겹이 밀려온다

여름밤을 열어보다

애야, 네가 세 살 되던 해 여름밤이었지 자정이 가까워질 무렵 잘 자고 있던 너는 갑자기 자지러지게 울었더란다 아무리 달래도 그치지 않고 밤의 고요를 헤집어놓았지 병원이 멀어 마냥 애만 태우고 있을 때 할머니가 늙은 아주머니 한 분을 데리고 왔지 낯이 익은 윗마을 논가 외딴 집 여자였지 나는 가끔 먼발치에서 먼 곳을 보곤 하던 그 여자가 말을 못하는 줄 알았지 정신을 쏙 빼놓을 기세로 울고 있는 너를 여자는 일으켜 안으며 싸리나무 같은 손가락으로 온몸을 훑어내더니 바늘 끝으로 손가락을 땄지 잠시 후 너는 울음을 그치고 여자는 나를 보고 저녁에 무얼 먹였냐고 물었지 나는 복날이라 닭고기를 조금 먹였다고 했지 여자는 나쁜 액이 붙은 것 같지는 않고 체한 것 같다며 나를 빤히 바라보았지 그것이 말을 못하는 줄 알았던 여자와의 처음이자 마지막 대화였지 할머니는 그 여자가 싼값의 복비를 받으며 동네 사람들 아픈 몸을 어루만져주고 액운을 쫓아주는 착한 무당으로 산다고 했지 그해 여름밤으로부터 여러 해가 지난 지금 그 여자네 집은 빈집으로만 남아 마른 댓잎처럼 흔들리고 있지 오늘처럼 개구리 울음소리가 들리는 복날 밤 개구리 울음소리보다 쩌렁대던 너의 울음소리를 더듬어 그날의 여름밤을 열어보면 나의 깜깜한 두려움을 지그시 눌러 주던 그녀의 목소리가 풀벌레 소리처럼 들리곤 하지 혼자 먼 집으로 돌아갔을 그녀의 느린 걸음과 야윈 뒷모습 같은 바람이 내게 와서 잠시 멈추었다 어디 앓는 소리 나는 어둠 속으로 다시 사라지는 것 같지

포구나무 연대기

 처음엔 한 줌도 아닌 고작 몇 알을 떨어뜨리며 우리를 감질나게 했지 발길이 뜸해질 것 같으면 은하수처럼 두르고 있는 검은 열매를 한껏 보여주며 급기야 제 몸을 타고 오르게도 했지 포구나무포구나무포구나무 이름을 암송하지 않으면 무리에 낄 수 없게 만들고 용변을 보지 못해 살결이 푸석해지게 만들었지 때로 돌멩이를 던져도 웃는 듯 침묵해주는 자비에 감복하여 이웃 마을 아이들을 전도하기도 했지 내 나이 열한 살이었던가 대략 사백 년을 살다가 나무는 사라졌지 훈이 할배의 간증에 따르면 사라져도 그냥 사라지지 않고 어느 여름 돌풍이 온 날 뿌리 아래 사백 년 동안 길러 온 흰 용을 이끌고 사라졌다지 그제야 포구나무의 은혜가 무량했음을 알고 마을 사람들은 뿌리 뽑힌 자리에 빗돌을 세웠다지 그 후로도 지금까지 포구나무포구나무포구나무 경經을 읊조리면 아픈 마음에 다디단 물이 고여 며칠을 간다지 이따금 검푸른 빛 천둥이 치는 건 포구나무가 온몸으로 열매를 두드리며 제 존재를 알리는 것 그때 잠시 눈을 감으면 잃어버린 줄 알았던 옛날의 나를 환영처럼 보여주기도 하지

피어라, 스피커

    절정의 동백을 닮은 저 스피커 짧은 트롯이 나오고 연이어 통장 아저씨의 목소리가 퍼진다 나락을 신청한 세대는 운반 도구를 가져와 실어가라며 세대 이름을 호명한다 잘 아는 이름들이 줄줄이 나온다 윗동네 욕쟁이 할배 아직 살아 계시구나 솔밭 아래 할머니도 여전히 농사를 지으시구나 이름 하나하나 불려질 때마다 스피커가 더 활짝 벌어지며 줄줄이 꽃이 피어나는 것 같다 그 꽃을 받아 집집마다 나락 배달을 가듯 내 엉덩이 들썩거린다 방송 시간 고작해야 오 분, 이름만 들어도 그 집 마당을 훤히 들여다본 것 같고 동네 한 바퀴 금세 돈 것처럼 종아리 묵직해진다 삼월의 첫 주말, 고향집 와서 풋마늘 다듬다가 스피커에서 동네 사람들 이름 들으니 모두가 햇살 몽글한 담벼락 아래 나란히 앉아 있는 듯 등이 따스해진다 그들의 이름이 내년에도 오늘처럼 또박또박 호명되면 좋겠다 그들의 생으로 저 연붉은빛의 마을회관 스피커도 오래오래 피어나면 좋겠다 서로의 고독에 기대어 번져갈 메아리도 꼭 이 만큼의 울림이라면…

창선, 왕후박나무

그 사람 이야기를 듣고
그 사람을 보러
창선 단항마을로 간다

그 사람이 산다는 마을 쪽으로
아이들이 우르르 몰려간다

모두 그 사람과 연관 있는 얼굴 같다
사탕 한 봉지를 풀며
그 사람을 아느냐 넌지시 묻자
서로 마주 보며 고개만 갸우뚱거린다

어렴풋이 오백 년 정도 된 나이와
인상착의를 말했더니
그중 막내로 보이는 아이가
어제 그의 등을 타고 놀았다며
푸른 몸의 풍채 좋은 사내를 가리킨다

작년에는 마을 쪽으로 건너오는
폭풍우와 싸우느라 지쳐
마을 사람들이 막걸리 한 말을 올렸다고
맏형으로 보이는 아이가 덧붙여 말한다

여름 심부름

애야, 바다로 내려가 보렴
태수집 돌밭과 우리 석화밭 사이에
파란 통발이 있단다
저번 날 낙지 두 마리 먹장어 한 마리 잡고
요 며칠 통 잡히는 게 없더라만
오늘은 파도가 높아
정신 못 차린 몇 놈 배실배실
걸려들었을 수도 있으니
애야, 장화 신고 내려가 통발을 건져보렴
재수가 좋아 걸려든 놈 두어 마리 되거든
우물가 만재 집에도 한 마리 전해주고 오렴
만재가 아프기 전 배를 타던 시절에는
잡은 고기 한 봉지씩 우리 집 문 앞에
꼭 놓아두고 가지 않았더냐
그 친구가 배를 안 타니
올여름은 영 심심하고
내 말수도 자꾸 줄어드는구나

그나저나 서포 앞바다에
전어가 잡혔다는 기별은 너도 아직 못 들었제?

송포에서 대포항 방면 두 시 방향

넓은 포도밭 자리에 장례식장이 들어서고
겨우 몇 고랑 남은 엉성한 포도나무엔
해풍을 쐬며 열매들이 그을려간다

한때 정답고 어린 그림자들이 진을 치며
집에 가는 시간을 꽁꽁 숨겨두었던 곳
그리움 너울대는 송포 포도밭을 지나자
자동차 핸들은 더 부드러워진다
창문을 끝까지 내려
갓 맺힌 연두빛 포도알 같은 숨결 둥글게 말아본다

포도나무 수피를 닮은 부드러운 곡선의 해안선
이제, 방지턱을 넘을 때보다
조금 더 속도를 낮추기로 한다

민물로는 지우지 못한 내 생활의 오류를
푸른 바닷물로 씻어내며 가야 하므로
떠날 수도 돌아올 수도 없는 나를

여지없이 변명하며 가야 하므로

송포에서 대포항 방면 두 시 방향은
달려온 한 시간 삼십 분보다
남아 있는 십 분이 더 오래 걸릴지 모른다

4부

입항入港

늑도 포구에
벚꽃 한 그루 닻을 내렸다
수천 칸의 객실과 보트를 겸비한
대형선박이다
봄에만 도지는 병을 가진 사람들이
승선한다는 소문이 돌았다
너도 가야 하지 않겠냐고
사흘 동안 그가 전화를 했다
떨어진 벚꽃잎 한 송이 엮으면
희미해진 그리움 하나 복원해주는
먼 나라로 밀항密航한다고
그러니 너는 더욱 가야 하지 않겠냐고
밤마다 하얀 문자를 보내왔다

닻을 올리기까지
아직 이틀의 말미가 남았다

대포항 2021년

나는 오늘 다니러왔는데
너는 지난 일요일에 다녀갔다고
너의 어머니가 전해주더라
너는 자매들과 멍게에 소주 한잔했지만
어째 낯설어 오래 머물지는 않았다지

오늘 내가 본 대포항도 마찬가지더라
드라마를 찍은 곳이라고
젊은 연인들이 커피와 셀카봉을 들고
방파제를 거닐고 있더라
포토존에 낙조가 내려앉길 기다리다
달랑, 다정한 포즈의 사진 몇 장 찍고
드라이브 가기 바쁘더라

연인들의 행렬이 낯설었으나
너무 빨리 대포항을 뜨는 게 아쉬워
나는 이곳에서 나고 자란 사람이라 으스대고 싶더라
그러니 궁금한 거 있으면 물어보라

너스레 떨고 싶더라

저기 종려나무처럼 서 있는 늙은 할매들은
대포항에 척추로 묻힌
옛 포구의 슬픈 내력까지 훤히 알고 있으니
붉은 노을의 후렴구인 양
몇 자락 들어보고 가라 말하고 싶더라

봄물 들다

종아리 근육이
사흘이 지나도록 풀리지 않는다
풀린 강물에 이끌려
길을 나선 아침
초록 지붕의 옛집 닮은 곳이 있어
거기까지만 갔다 왔는데
그리움이 멍울멍울 박혀 버린 탓일까
앓는 소리 하는 내 종아리 마사지해주며
그가 처방을 내린다
봄물이 얼마나 차올랐는지
실핏줄까지 환하게 도드라졌네
내일은 다녀왔던 길 한 번 더 걸어가 봐
아마 그때 못 본 꽃망울들이
구슬 지압기처럼 맺혀
뭉친 근육 말랑하게 풀어줄지도 모르니

적막 속의 수박은 때로 사나워지니

그녀가 오지 않는다
수박 한 덩이 마루 구석에 내려놓고
한참을 기다리다가
대문 밖 아지랑이 울타리 사이로 올려다보니
마루가 수박 쪽으로 기울었다
방 두 칸짜리 지붕도 살짝 기울었다
이러다 와룡산 그늘이 혹 덮쳐오면
구월리가 다 기울고
당신 오실 굽은 길도 더 기울게 되리
푸른 대숲에서 불쑥 튀어나온
호랑이처럼 앉아 있는 적막 속의 수박 한 덩이
자꾸 커지며 사나워질까
꿈틀거리는 꼭지 톡 잘라 우물에 넣어버린다

조금 늦게 도착한 봄날의 추도사

할머니의 장례식 마치고 돌아온 오후
멀리 갈 사람은 돌아가고
남은 사람들 사이에 침묵이 내려앉을 무렵
누군가 문을 두드린다

얼핏 기억나는 이웃 마을 할머니를
어머니가 맞이한다
아이고, 아지매 몸도 불편할낀데 여기까지 우찌 왔습니꺼?

이 집 할마시가 세상 배렸다는 말을 오늘 버스 안에서 듣고 안 올 수가 있어야제 할마시가 암만 깐깐했다케도 내한테는 참 정 있고 따시게 했거등 좋은 데 가시끼다 그동안 니도 허들시리* 욕봤다 요양원도 안 보내고 집에서 오십 년을 넘게 모신다는기 그기 어디 쉬운 일이가 아무나 못한다

가만히 듣고 있던 어머니
왈칵 눈물을 쏟아낸다
이박삼일 동안 아무리 곡을 했어도

코로나 눈치보고 마스크에 열중하느라
뭔가 빠뜨린 것만 같은 장례
뜻밖에 이웃 마을 할머니가 와
의식을 온전하게 채워준다

할머니 돌아가는 마을 어귀 바라보니
당신은 혼자 오지도 않고
오동꽃 한 그루 데리고 왔다
족히 이박삼일은 울며 걸어왔을 것 같은
저 보랏빛 만장輓章
까마귀 울음이 압정처럼 팽팽하게 물고 있다

*허들시리: '정말로'의 뜻을 가진 경상도 사투리

한여*

기별 없이 왔다가
소리 없이 사라지는 배다
한 달에 두어 번
물이 빠져야 들어갈 수 있는 곳
속을 잘 드러내지 않는 그곳에
파도가 치면
피아노 소리가 들린다
배에서 태어나
배에서 죽는 것이 소원인
피아니스트의 연주가 들린다
일생에 한 번은
배에서 내리려 했으나
배 밖의 피아노 건반으론
그녀를 노래할 수 없을 것 같아
끝내 다시 올라가버린 남자
배에서 내리는 법만 배우면 되지만
굳이 배우려 하지 않는
나인틴 헌드레드*를

이제는 강제로 끌어내기 위해
피아노 건반보다 많은 철골을
바다에 쏟아붓고 있다

대포항 방파제에서 한여까지
휘어진 건반 같은
낯선 그림자가 일렁이고 있다

*한여: 밀물 때 잠겼다가 썰물 때 나타나는 사천만의 큰 여 이름
*나인틴 헌드레드: 영화 〈피아니스트의 전설〉 남자 주인공

상강霜降

그녀, 오늘은
문 열기도 전에 병원 가신단다
모내기 끝나면 갈끼다
가을걷이 끝나면 갈끼다
여차저차 미루던 진료
몇 년 동안의 서리
내리고 쌓여 굳어진 척추로
머잖아 굴 따는 일은 해도 되겠는지
궁극으로는 그것이 알고 싶어
병원 가신단다
대문 옆 서리 맞고
바닥으로 쏠린 노란 국화 덤불
단번에 곧추 세워놓고는

자정의 독백

방파제 끝에 앉아
나는 자꾸 이야기를 하는 모양이다
물결의 군중이 그래그래 고개를 끄덕여 주고
먼 곳의 별들이 내려와 내 어깨를 쓸어준다
하루 종일 조업 다녀온 배들이
어디 가까운 섬으로 바람이나 쐬고 올까 옷깃을 당기고
실안이나 서포에서 비어있는 달방 있다고
보랏빛 네온사인으로 타전을 해온다
우주의 구만 번째 발등에 앉아
나는 뭐라고 중얼거렸을까
자정 무렵, 우주는 하도 고요해
어둠 속에 숨으려 나온 나를 알아보고
가만가만 말을 걸어온다
그리워하는 것들은 어둠 속에서 더 잘 보인다며
우주의 망원경인 구멍 난 조개껍데기 하나를
내 젖은 눈동자 앞에 깃털처럼 내려놓는다

흰 물소

모자랑포 어귀
언제 돌아왔는지
스스로 걸어와 털썩 엎드려 있다
덕지덕지 붙은 마른 따개비와 석화石花에서
물을 한참 떠난 후의 몸 냄새가 피어난다
바닥과 몸이 닿은 틈에서
부정맥의 심장 소리 희미하게 들린다
차오른 복수腹水라도 빠지는 기미인지
흉부 쪽으로 엷은 빛줄기 스며있다
아주 돌아온 것이 아니라
다시 떠날 때를 조율하는 것일까
바다 위 두 척의 작은 배가 중얼거리며
흰 물소 쪽으로
젖은 문장의 밀서密書를
자꾸 띄워 보내고 있다

어느 일요일의 걸음

전어가 없어
서포 앞바다에서 다시 배를 돌려왔다는 백씨가
빈 그물을 끌고 간다
마른 수족관 앞에서 횟집 주인이 손님을 돌려보내고
일당 칠만 원 알바를 공친 덕곡댁이
파닥거리는 소문 궁해 경로당을 나온 할매들 쪽으로 간다
이동 노래방 주인은 휴업을 궁리 중일까
끼룩 끼룩 헛트림만 해대는 갈매기를 날려 보내고
솔밭 그늘 속으로 들어간다
전어밤젓 담으려 어머니 아침 일찍 씻어놓은 항아리
다시 뒤집어놓은 것처럼
정오의 대례마을이 우묵하니 고요해진다

팔월의 연방죽에서

당신은 커피를 마시며
연방죽을 걷는다
누군가에게 전화를 걸어
이곳으로 올 수 있냐고 묻는다

한 시간 뒤에나 도착할 수 있다고?
되묻는 소리가 들린다
한 시간이 지날 때까지
당신이 기다리는 사람은 나타나지 않는다

쑥쑥 자라 퍼지는 팔월의 연잎에 가려
내 앞의 사람도 사라졌다 다시 나타나기를 몇 번
연잎과 같이 누웠다 일어나는 풍경은
새로 태어나는 시간이어서
나도 나의 시간을 자주 잊어버린다

바람이라도 불면
뒤섞인 홍련과 백련 연잎은

일시에 쏟아졌다 맞춰지는 퍼즐처럼 새로워
방향을 놓쳐버리기 일쑤

당신이 기다리는 사람은
한 시간이 넘도록
방죽 어딘가에서 당신을 찾고 있을지 모르고

나는 어느 시간대에서
누군가를 기다리고 있는지
혹은 찾아가는 중인지도 모르고

무리에서 한참 이탈한 무중력의 연잎처럼
그저 무연히 초록의 둘레에 휘둘려볼 뿐

가오리

할머니 첫 제삿날
삼천포 중앙시장 생선가게 앞에서
어머니 바짝 몸을 낮춘다
바닥대구와 서대를 제수용으로 사고
가오리를 빤히 쳐다보자
주인이 슬그머니 흥정을 해온다

다섯 마리 떨이해서 이만 원에 가져가소마
전부 다 크고 실하다 아잉교?
아이고, 가오리는 상에 올릴끼 아입니더
아이고, 조상만 묵을끼요?
식구들 다 모였을 때
된장에 방앗잎 살살 뿌려서
가오리찜 한 번 상에 내나 보소
쫙쫙 찢어 무모 얼매나 맛나다꼬!
그기야 뭐 다 아는기고예

어머니 말끝을 흐리는 틈을 타

가오리 날개같이 손이 빠른 주인은
검은 봉지 속에
다섯 마리를 쏙 말아 넣는다
두어 마리는
엄마 등에 납작 업히거나 안긴 새끼처럼
아주 작다는 걸 아는지 모르는지
어머니 납작한 누비지갑을 연다
지폐를 세는 눈빛이
영락없는 마른 가오리 눈이다

가뭄

복내마을 골목을 걷는다
대문 반쯤 열린 집 마루에서
여자가 힘없이 손사래를 친다
흙먼지 일렁이는 우물 같은 눈빛의 여자는
묵은 소주 냄새를 풍긴다
경로당에 나가지 않은 지도
사람을 만나지 않은 지도 오래 되었단다
하고 싶은 말은 많은데
만 갈래 속울음에 눌려 나오지 않고
한참 우물거리다 겨우 내뱉는 한마디
십 년 전에 죽은 아들한테 미안하단다
십 년 전 그날부터 지금까지
오직 이 모습으로 겨우 견뎌온 것 같은 여자
주름진 눈자위에는
슬픔의 옹이 같은 울혈 두 개 봉긋이 맺혀 있고
그녀에게서 옮겨붙은 것인 양
마당 구석 마른 맨드라미꽃에도
검붉은 울혈들 아슬아슬 매달려 있다

그녀를 그대로 두고 갈 수 없어
안주라도 사오겠다며 마루에서 일어서자
바짝 마른 허공이 삐걱거린다
몇 안 되는 조용한 골목집들이
그녀의 먹구름 같은 숨결에 온통 귀 기울이다
내 기척에 후다닥 돌아앉는 모양이다

봄의 환幻

동읍 떠나기 전
당신을 꼭 한 번 보고 싶다는 생각
잠시 하던 참이었다
부스스한 머리에
내 그림자 같은 마트 봉지를 들고
비탈길 오르다
동읍 삼거리
막 신호가 바뀐 횡단보도 앞을 달리는
자동차 속의 운전자와 눈이 마주쳤다
찰나였지만 그가 분명했다
그도 나를 알아챈 듯 표정이 잠시 흔들렸다
봄의 첫 호흡처럼 들어온 이 명징한 순간
그렇게라도 보았으니
나는 말없이 여길 떠나서도
또 몇 해의 봄을
그럭저럭 견뎌낼 수 있겠다

복사꽃 통신

1년이나 2년마다
여러 고장을 옮겨 다니던 시절
어쩌다 고향 가면
겨우 하룻밤 자고
다시 먼 길 떠나는 내차 트렁크에
당신은 분홍빛의 찰밥 한 덩이를
넣어주셨다
오래 머물지 못하고 늘 들썩거리는 삶
어딜 가든 마음 단단히 붙이고 살라고
멀리 갈수록 찰기도 더 오래가는
꽃밥 봉지 넣어주셨다
그 봉지 하나
어쩌다 내가 놓쳐버린 것일까
나무에서 제법 멀리 떨어진 물가에
복사꽃잎들 한데 오롯이 뭉쳐 있다
두 손 살포시 떠보니
먼저 다녀간 당신의 온기가
저릿저릿 엉겨 붙는다

아름다운 침잠沈潛

운흥사 뜰 앞 돌확에
수련이 피었네
수면 밖으로 나온 두 송이보다
수면 안에서 오므린 한 송이에
마음이 닿았네
그들을 한데 모아주려
수면 속의 꽃을 조심스레
물 밖 연잎 위에 올려놓았네
잠시 후
삼배 올리고 다시 가보니
수련은 스스로 걸음 거두어
제자리로 돌아가 있네
아직은 때가 아니라는 듯
더욱 단호하게 입 다물고
나를 올려다보며 묻네
너의 때는 어떠한가
너무 서둘러 힘겹지는 않은가
나는 몇 걸음 뒤로 물러나

저녁의 고요한 처마 아래 잠기며
옹색한 대답 하나 궁리하네

해설

물의 고향, 그 영혼의 신비한 방향성
―김형엽 시의 의미

김경복(문학평론가, 경남대 교수)

> 물결이 깊숙이 읽어 나간 여운의 힘으로
> 오늘 써나갈 문장의 첫 호흡
> 가장 부드럽고도 둥글게 머금고 싶어서다
> ―「물때를 기다리는 사람들」부분

문장을 받는 것은 운명을 받는 것과 같다. 왜냐하면 자신이 쓰고자 하는 문장 안에 제 영혼의 색채와 가고자 하는 노선이 선연히 새겨져 있기 때문이다. 특히 영혼을 일깨우고, 영혼에 공명하는 시 쓰기의 경우는 더욱 이것이 분명하다. 시는 운명의 부름에 예민하고, 운명의 길로 나아가는 것에 순응한다. 영혼이 제 존재의 심연에서 본능적으로 이끄는 운명의 길을 시는, 곧 문장은 좇는 것이다.

이번 두 번째 시집에 와서 무의식적으로 쓰고 있는 김형엽 시인의 위의 시적 표현이 바로 이와 같은 내용을 가장 잘 드러내는 경우가 아닐까? 시인은 이 부분에서 자신의 운명을 분명하게 예감하고 있고, 자신이 써 내려갈 문장의 특성이 무엇인지를 보여주고 있다. 이 시를 이해하기 위해서는 이 부분을 세밀히 음미할 필요가 있다. 우선 시인이 생각하는 문장이 무엇인지를 살펴보자면, "오늘 써나갈 문장"이라는 정보로 두고 볼 때, 시인에게 문장은 늘 자신의 삶을 기록하는 방편으로 제시되는 것 같다. 즉 어제, 오늘, 그리고 내일이라는 지속적인 시간 속의 자신의 삶에 대한 특성이나 성찰을 기록하는 것, 곧 자신의 일생과 방향을 기록하는 비망록 정도로 생각하고 있음을 짐작해볼 수 있다. 그것은 자신의 존재성과 운명에 대한 이끌림이 이 '문장' 안에 녹아들어 나타나게 됨을 인지하고 있다는 말이 된다. 그때 시적 화자에게 '문장'은 자신의 삶이자 운명의 구체화다.

운명의 구체적 표지로서 이 시에 나타난 '문장'의 특성은 "물결이 깊숙이 읽어 나간 여운의 힘"을 갖고 있고, "가장 부드럽고도 둥글게" 나타나는 형상성을 띠고 있다. 곧 '물'과 관련된 상상력의 발동 속에 김형엽 시인의 문장은 놓여 있다. 그것은 곧 물의 상상력을 발동할 수밖에 없는 삶을 살았다는 말이자, 물의 심화와 발전이라는 운명을 따를 수밖에 없다는 말이기도 하다. 그런데 김형엽이 생각하는 '물'의 특성은 비록 '깊숙이 남는 여운의 힘'을 가질지언정 난폭한 물이 아니라

'부드럽고 둥근' 형상성을 지닌 물이다. 바슐라르가 제창한 물의 상상력의 이론에 따르자면, 이는 '부드러운 물', 곧 '모성의 물'과 관련된 상상력의 발동을 말해준다. 바슐라르는 인간이 최초로 경험하는 물은 어머니의 젖이라고 말한다. '모유'는 따뜻하고 부드럽고, 둥근 형태에서 주어지는 것으로서 물의 원초적 모습이라고 할 수 있다. 이 물의 이미지는 모성의 속성을 띠고 있어 행복의 관념을 불어넣어 준다. 시인 김형엽의 위 시에 나타나는 물의 이미지는 바슐라르의 물의 속성과 부합된다.

'문장'의 표현이 나타난 이 시 구절이 왜 운명과 관련된 것인지를 알 수 있는 부분은 또 "가장 부드럽고도 둥글게 머금고 싶어서다"를 통해 알 수 있다. 해석을 통해 알 수 있듯이 '가장 부드럽고 둥근' 형상적 물질은 '물'이다. 시적 화자는 이 물의 형상을 '머금고 싶어'한다. 곧 물의 사상과 운명을 제 삶의 노선과 지향에 새기고 싶어 하는 것이다. 그것은 곧 물과 관련된 운명의 부름에 민감하게 반응하는 것이자 순응하는 것임을 본능적으로 드러내는 일이다. 그런 점에서 김형엽은 '물의 운명'에 사로잡힌 시인이자, '물의 사상'을 탐구하고자 하는 시인으로 볼 수 있다. 그것을 구체적으로 알기 위해서는 그녀가 그리고 있는 시적 풍경 속으로 얼마간 들어가 봐야 할 것이다.

물의 상상력과 유기적 전체성

때문에 이번 김형엽 시인의 두 번째 시집의 눈에 띄는 특징 중 하나는 대부분의 시에서 물의 이미지를 검출할 수 있다는 점이다. 그녀의 시집을 펼치면 곳곳에 물이 넘실거리는 것을 볼 수 있다. 생의 실존적 정체성이 물로 이루어진 바다 내지 물길이 배여든 곳에 뿌리 내리고 있음을 보여준다. 그렇게 된 것은 그녀의 성장이 물의 물질적 원소가 활성화된 곳에서 이루어졌기 때문으로 풀이해 볼 수 있다. 다음 시를 보면 이를 알 수 있다.

> 갱물의 발자국 소리 듣고
> 달빛도 어정어정 따라온다
>
> 갱물이 집으로 온 날은
> 늦은 밤까지 마당이 환한 날
>
> 하루 종일 깐 굴을
> 갱물로 말갛게 이는 소리에
> 대문가 늙은 개도 눈을 껌벅거리고
>
> 나의 등 뒤에서
> 굴 이는 여자들의 숨결 듣느라
> 달빛은 제 갈 길 한참을 놓쳐버리고
> ―「갱물」 부분

이 시는 이번 시집에서 시인의 시적 성향을 대변해주는 작품 중의 하나라 할 수 있다. 우선 이 시는 자신의 체험 중의 하나를 형상화하고 있음을 알 수 있다. 유년기의 추억에 바탕을 두고 쓰고 있는 이 시는 바닷가 어느 집의 겨울 풍경을 묘사하고 있다. 그런데 그 추억의 장면이 매우 활기차고 따뜻하며, 온 세계가 소외나 분리 없이 안온한 평화를 이루고 있음을 드러내고 있다. 그 모든 것이 가능하고 이룰 수 있게 하는 것이 바로 "갱물이 집으로 온 날"이란 표현을 두고 볼 때, '갱물'의 출현 때문이다.(갱물은 '바닷물'의 경남 사투리다.) 갱물이 자신의 집으로 찾아옴에 따라 "달빛도 어정어정 따라오"거나 "제 갈 길 한참을 놓쳐버리고" 주위에 머물고 있으며, "대문가 늙은 개도 눈을 껌벅거리고" 있다. 인간도 하루 종일 굴을 까며 풍요로움에 충만해 있어 "늦은 밤까지 마당이 환한 날"이 된다. 바닷물의 등장으로 인해 인간을 비롯한 만물이 살아 움직이며 서로 교감하고 충일감에 차 있다. 신화적 차원에서 같은 속성을 공유하는 바다, 달, 여성이 같은 공간에 놓여 있다는 점도 이런 정서적 충일감을 암시하는 것이라고 볼 수 있다.

 시적 화자의 체험이 고조된 충만감으로 나타나고 있다는 측면에서 이 시 속의 공간은 자기 집일 가능성이 높다. 때문에 이 시에서 제시되는 '갱물'은 시적 화자에게 매우 강렬한 의미소를 지닌 물질성으로 현현된다. 특히 이 시 부분에서 검출되는 물 이미지의 의미소가 '교감', '화해', '풍요', '여성' 등의 속성을 드러내고 있는 점은 앞의 「물때를 기다리는 사람들」의 물의 상징성과 궤를 같이 함을 알 수 있다. 무엇보다 이 시의 특성은 물 속성의 강렬함이 성인이 된 지금까지 영향을 미치고 있음을 드러내고 있다는 점이다. 이는 시 속에 표현된 "달빛도 어정어정 따라온다"는 현재 시제를 통해 나타나는데, 옛날 추억임에도 현재 시제형을 쓰는 것은 그때의 강렬한 감정이 지금 이 순간에도 지속되어 동일하게 느껴지고 있다는 사실을, 다시 말해 감정의 강렬성으로 인해 그 순간의 인상이 '영원한 현재'가 되고 있음을 보여주기 위함이다. 그것은 대상의 물질성과 하나가 됨으로써 자아와 세계 사이에 거리가 없는 것을 보여주는 대표적인 서정 장르의 기법이다. 때문에 김형엽 시에서 물의 이미지는 그녀의 성장과 관련된, 즉 유년의 원체험과 관련된 근원적이고 특권적 상상력의 발동에 의해 이루어지는 것이라 볼 수 있다.

그런 점에서 볼 때 김형엽 시인에게 원체험은 그 유년시절을 보냈던 고향 바다, 즉 삼천포를 중심으로 한 바다와 고향에 얽힌 사연 등에 놓여 있다고 할 수 있다. 그 체험이 얼마나 행복하고 강렬했던 것인지는 그의 여러 시편을 통해 알 수 있다. 이 체험의 가치는 그 공간과 시간 속에서는 결코 어떠한 소외나 사물화가 발생하지 않고 모든 세계가 다 둥글게 조화를 이루고 있는 점, 즉 동질감을 통한 안온과 풍요로움이다. 시인은 첫 시집에서 이와 관련된 이미지를 이미 제시한 바가 있다. 예를 들어 「연잎경(經)」(『분홍의 그늘』, 2017)이라는 시에서 "비스듬히 기울어/ 의자도 되고 그릇도 되어주는 잎들이/ 오래

휘청거려온 사람들의 걸음을/ 한 번쯤은 안온한 수평으로 서게 하더라"고 표현하였을 때, 여기서 나오는 '연잎'과 '안온한 수평'은 바로 부드러운 물의 이미지와 사상을 형상화한 것이라 할 수 있다. 생각해보면 연잎은 물결에 따라 펼쳐져 움직이는 것이므로 바로 '물의 결'이 되며, 물결에 가볍고 부드럽게 순응하며 제 생명의 중심을 잡고 있으므로 '안온한 수평'이 된다. 때문에 연잎경이 주는 사상은 물의 물질성 중 조화와 균형에 바탕을 둔 안온함이다. 즉 부드러운 물의 속성을 구체화한 것이다. 이러한 물의 물질적 상상력은 물의 이미지와 사상에 깊숙이 빠져든 사람만이 할 수 있다는 점에서 김형엽 시인의 특권적 상상력의 의미를 확인할 수 있게 해주는 부분이라 할 수 있다.

때문에 김형엽 시인이 발동하는 물의 상상력은 대체로 충만과 합일, 균형과 조화, 유연과 순응 등의 부드러운 물의 물질성으로 실현된다. 이러한 속성은 결국 자아와 세계가 분리나 소외 없이 어떤 하나의 전체적 차원에서 동일성을 이루는 범신론적 상태로 나아가게 한다. 다음 시가 이를 잘 보여주는 사례다.

> 방파제 끝에 앉아
> 나는 자꾸 이야기를 하는 모양이다
> 물결의 군중이 그래그래 고개를 끄덕여 주고
> 먼 곳의 별들이 내려와 내 어깨를 쓸어준다
> 하루 종일 조업 다녀온 배들이

어디 가까운 섬으로 바람이나 쐬고 올까 옷깃을 당기고
실안이나 서포에서 비어있는 달방 있다고
보랏빛 네온사인으로 타전을 해온다
우주의 구만 번째 발등에 앉아
나는 뭐라고 중얼거렸을까
자정 무렵, 우주는 하도 고요해
어둠 속에 숨으려 나온 나를 알아보고
가만가만 말을 걸어온다
그리워하는 것들은 어둠 속에서 더 잘 보인다며
우주의 망원경인 구멍 난 조개껍데기 하나를
내 젖은 눈동자 앞에 깃털처럼 내려놓는다
―「자정의 독백」 전문

이번 시집에서 가장 아름다운 작품 중의 하나로 볼 수 있는 작품이다. 시적 화자는 물의 곁에 있음으로 인해 가장 행복한 자아가 된다. 화자는 "나는 자꾸 이야기를 하는 모양이다"에서 볼 수 있듯이 어떤 막힘없이 세계에 자신의 이야기를 할 수 있고, 이와 대등하게 세계는 막힘없이 화자의 이야기를 들어준다. 즉 "물결의 군중이 그래그래 고개를 끄덕여 주고/ 먼 곳의 별들이 내려와 내 어깨를 쓸어"줌으로써 소외와 고립이 없는 동일성의 상태에 놓인다. 이는 세계가 나와 같은 존재인 정령적 존재임을 전제하는 것으로 범신론적 관점에 서 있음을 보여주는 것이다. 때문에 "자정 무렵, 우주는 하도 고요해/ 어둠 속에 숨으려 나온 나를 알아보고/ 가만가만 말을 걸어온다"고 하여 같은 생명체적 존재로 교감하고 삶의 충일성을 획득한다.

이는 세계와 자아 사이의 거리가 없음으로 인한 존재의 충만성을 말해주는 것으로 볼 수 있다. 이러한 세계를 우리는 '유기적 전체성'이라고 부를 수 있을 것이다. 또는 에른스트 블로흐가 자아와 세계 사이 분리가 없는 상태를 '동일성의 고향'이라 할 때, 그것의 의미에 부합하는 '동일성의 고향' 상태로 볼 수 있을 것이다.

그렇지만 무엇보다 이 작품을 보면 루카치가 『소설의 이론』에서 '서사시의 세계'를 설명했던 부분과 너무 흡사하게 겹쳐 보인다. 루카치는 인간이 신과 자연과 소통하는 그리스 서사시의 세계를 "별이 빛나는 창공을 보고, 갈 수가 있고 또 가야만 하는 길의 지도를 읽을 수 있던 시대는 얼마나 행복했던가? …(중략)… 세계는 무한히 광대하지만 마치 자기 집에 있는 것처럼 아늑한데, 왜냐하면 영혼 속에서 타오르는 불꽃은 별들이 발하고 있는 빛과 본질적으로 동일하기 때문이다. 다시 말해서, 세계와 자아, 천공(天空)의 불빛과 내면의 불꽃은 서로 뚜렷이 구분되지만 서로에 대해 결코 낯설어지는 법이 없다. 그 까닭은 불이 모든 빛의 영혼이며, 또 모든 불은 빛 속에 감싸여져 있기 때문이다. 이렇게 해서 영혼의 모든 행위는 의미로 가득 차게 되고, 또 이러한 이원성 속에서도 원환적 성격을 띠게 된다. 다시 말해 영혼의 모든 행위는 하나같이 의미 속에서, 또 의미를 위해서 완결되는 것이다."라고 말하였다. 인간과 자연의 관계가 의미로 충만해 있으며 모든 것이 서로 동질성과 원환성으로 유기적 전체성을 이루고 있는 상태야 말로 서사시적 비전이라는 것이다. 참으로 아름답고 행복한 근원의 상태에 대한 서술이라 할 수 있다.

그런데 이 서술의 부분이 너무 김형엽 시가 갖는 특성에 딱 부합된 채로 그 의미를 해명해 주는 말이 되고 있다. 김형엽 시인이 추구하는 물의 물질성과 그것에 기반한 세계 인식은 매우 원형적이고 원환적 성격을 띠게 됨으로써 당대의 산업자본주의 사회가 무엇을 잃고 있는지를 반증해 보여준다. 고립과 분열, 그로 인해 소외의 사회에서 물의 물질성이 환기하는 범신론적 세계가 얼마나 절실하고 간절한 대상이 되는지를 되비쳐준다. 그런 점에서 김형엽의 시는 유년의 행복했던 체험과 물의 사상을 통해 당대의 결핍이 무엇인지를 환기하면서 우리의 미래가 어떻게 흘러가야 함을 암시하는 역사적 의의를 갖고 있다.

이 점은 물의 상징성을 넘어 일상적 사물을 정령적 대상으로 의인화해 표현하는 시에서도 마찬가지 의미로 실현된다고 할 수 있다. 다음 시가 이를 잘 보여준다.

> 햇빛 들면 갯일 나간 어머니의 모습으로
> 그늘 들면 들일 나간 아버지의 모습으로
> 참선 중이다
>
> 햇빛과 그늘을 끌며
> 수천의 골을 파온 노동의 기억 죄다 비우고
> 다가올 경작을 처음으로 알고 있는 것처럼

모든 손끝은 새뜻하다

열 걸음쯤 물러나 보면
당신들이 걸어온 바람 속의 길이 보이고
스무 걸음쯤 물러나 보면
엑스레이 속 골다공의 뼈가 보이는 늙은 수행자들

창고 벽에 층층이 걸린
호미와 곡괭이와 삽과 쇠스랑 앞에서 나는 몸을 낮춘다
어머니 아버지 집을 비운 날은
묵언의 숨결로 어둠을 갈고 있는 그분들에게
고개 숙여 합장하는 것으로 안부를 대신한 지
벌써 여러 해다

—「벽에 걸린 수행자들」 전문

이 시 속의 '호미와 곡괭이와 삽과 쇠스랑'은 어머니가 갯일을 할 때나 아버지가 들일을 할 때 함께 했던 기구들이다. 그런데 시적 화자는 그런 사물을 그냥 도구적 존재로 보는 것이 아니라 아버지, 어머니와 같은 생명을 지닌 존재, 즉 정령적 존재로 보고 존경의 표시로 "몸을 낮춘다". 그들은 오랜 세월을 거쳐 와 현재 낡은 상태로 있지만 이는 나이 든 존재처럼 "엑스레이 속 골다공의 뼈가 보이는 늙은 수행자들"일 뿐이며, 벽에 가만히 걸려 있는 것도 존재의 의미를 알기 위해 "참선(을 하는) 중"으로 본다. 이러한 표현은 전형적인 애니미즘, 즉 범신론적 세계 인식의 구체화다.

이러한 의인관적 세계 인식은 물의 상상력에 의해 촉발되어

다른 물질성에도 전이된 것으로 볼 수 있다. 따라서 김형엽 시인의 의식 속에서 세계는 '살아 움직이는 생명들이 교감하고 공존하는 곳'이자, '정령으로 존재의 의미가 충만한 성스러운 세계'다. 이것 또한 유기적 전체성을 드러내는 방식이라 할 수 있을 것이다. 다만 김형엽 시인의 특성 상 성현이 실현된 장소와 시간이 유년의 물의 물질성이 배어든 고향의 공간으로 나타날 수밖에 없다는 점이 그녀 시의 고유한 특성이 됨을 이해할 필요가 있다. 그에 따라 그녀의 시 대부분이 고향에 대해 말하거나, 유년의 시간과 공간에 벗어날 수 없는 점도 이해할 필요가 있는 것이다.

근원적 목표로서 고향과 영혼의 신비한 방향성

때문에 김형엽 시인의 이번 두 번째 시집의 가장 큰 특징은 한 권의 시집 전체를 고향 삼천포와 관련된 시를 실었다는 점이다. 첫 번째 시집에도 고향 이야기가 나오긴 하지만 자신의 현실적 일상이 상당 부분 개진되고 있어 시인의 현실적 삶의 모습을 엿볼 수 있었는데, 이번 두 번째 시집은 오로지 고향 이야기, 즉 고향과 관련된 유년의 추억이나 고향의 변해가는 모습 등을 담아내고 있어 시인의 구체적 일상성은 찾아보기 어렵게 되어 있다. 그렇지만 그녀의 실존적 정체성은 고향과 관련하여 과거성과 함께 현재성을 드러내는 부분에 암시되고 있어 시인의 실질적 삶의 추구와 구체성은 확보되고 있다고 말할 수 있다.

그런 면에서 바닷가 삼천포라는 고향의 이미지 속에 그녀의 특권적 상상력이라 할 수 있는 물의 물질성이 그대로 담겨 있어 고향과 물의 물질적 상상력은 행복한 화학적 결합으로 나타난다. 바다(/물), 고향, 유년의 의미소들은 시인의 시적 세계를 결정하는 핵심 인자들이다. 다음 시는 이를 잘 보여주는 사례다.

> 검게 그을린 아이들이 무리 지어 쏘다니던 날의 이름
>
> 논두렁이 바다와 맞닿아 있을 때의 본적
>
> 된장과 강아지풀로 쏙을 잡던 여름 한낮
>
> 마른버짐과 소금꽃이 번갈아 피던 날들의 얼굴
>
> 썰물과 밀물 소리 들으며 차륵차륵 키가 자라던 날들의 품안
>
> 포구에 묶인 배들을 주인처럼 호령하던 날들의 목소리
>
> 우리가 마당에서 정신없이 뛰어놀 때
>
> 어른들이 나가서 놀라며 쫓아 보낸 우주의 가장 먼 곳
>
> 집으로 돌아오는 길

조개껍데기 몇 개 주머니 속에서 만지작거리며

이것이 쓸쓸함일까 처음으로 되뇌어보던 날의 숨결
—「갱번」 전문

이 시의 제목이 되는 '갱번'은 바닷가라는 경남 사투리다. 즉 고향 삼천포를 가리키는 말이다. 그러므로 이 시는 시인의 의식 속에 남아있는 고향의 풍경과 의미를 짤막한 격언 형식으로 표현한 것으로 볼 수 있다. 격언은 삶의 여러 자질구레한 부분이 떨려나가고 가장 강렬했던 기억이나 체득이 지혜로 남는 형식이다. 그래서 위 시도 명사형의 격언 형식으로 알맹이만 제시되고 있다. 문제는 그때의 기억이 바로 지금 현재 삶의 형식과 의미를 결정짓는 요소가 된다는 점이다. 성인이 된 현재의 시적 화자에게 고향, 즉 갱번은 여전하게 "썰물과 밀물 소리 들으며 차륵차륵 키가 자라던 날들의 품안"으로서 행복했던 공간이고, "어른들이 나가서 놀라며 쫓아 보낸 우주의 가장 먼 곳"으로 신비함과 그윽함이 감도는 곳이며, "이것이 쓸쓸함일까 처음으로 되뇌어보던 날의 숨결"로 생의 복잡하고 설레는 감정을 처음 겪은 장소로 등장한다. 이러한 표현은 고향에서 겪었던 기억과 체험이 단순한 과거의 성격에 그치는 것이 아니라 현존하는 자신의 실존적 정체성에 영향을 미치고 있음을 말해주는 것이다.

이것은 어떤 사람에게 강렬했던 체험과 인상은 그의 생애 내내 잊히지 않는 하나의 화인(火印)으로 작용하는 것을 보여주는 것과 같다. 마치 영혼에 새겨진 낙인처럼 어느 장소, 어느 시간대에 이르면 그것은 어김없이 떠올라 그 원래의 상태로 돌아갈 것을 본능으로 이끄는 것과 같은 것으로 말이다. 고향에 대한 그리움이나 고향에서 느꼈던 기억의 강렬성은 여느 시인에게도 검출되는 것이라고 할 수 있다. 그러나 김형엽 시인의 경우는 이것이 평범을 넘어 미치도록 한 방향으로 내닫는 어떤 절박함이 엿보인다. 그것은 시인에게 현재가 주는 생의 무의미나 결핍이 더욱 고향으로 향하게 하는 외압으로 더 심하게 작용한 것으로도 풀이해볼 수 있다.

실제 예를 들어 "삼월의 첫 주말, 고향집 와서 풋마늘 다듬다가 스피커에서 동네 사람들 이름 들으니 모두가 햇살 몽글한 담벼락 아래 나란히 앉아 있는 듯 등이 따스해진다"(「피어라, 스피커」)라고 시인이 독백조로 뇌까릴 때, 이는 시인의 영혼 속에 고향이 얼마나 따뜻하고 간절하게 깊숙이 스며들어 있는지를 알 수 있게 하는 대목이다. 그녀에게 고향은 단순한 회상이나 반추가 아니라 현재의 삶에 직접적 영향을 미치고 있는 것을 되비쳐 준다는 점에서 절대적 그리움의 세계라 하지 않을 수 없다. 이것은 참으로 기이하다 하지 않을 수 없는 현상이다. 왜 유독 김형엽 시인에게 이러한 고향 중독증(?)이 강하게 나타나고 있을까? 이에 대한 답은 그녀의 일관된 시적 지향으로 찾을 수밖에 없다. 그렇지만 다음 시를 살펴보면 이를 좀 더 잘 알 수 있는 길이 열리지 않을까?

장맛비 내린다 이 비는 삼십 년 전부터 시작되었고 나는 계속 이 빗속에서 살아온 것만 같다 그날 이후 장맛비에서는 누르스름하니 텁텁한 산초기름 냄새가 피어난다 남동생과 볼거리에 걸려 결석한 어느 아침, 우리는 아래채 툇마루에 앉아 할머니가 볶아준 콩을 오도독오도독 씹으며 마당에 넘치는 빗물이 대문 밖으로 나가는 것을 우두커니 바라보았고 그 빗물을 따라 할아버지는 와룡산 아래 마을로 산초기름을 구하러 가셨다 빗물을 너무 먹어 우물도 역겨워할 무렵 할아버지는 돌아오셨던가 흠뻑 젖은 몸을 닦을 새도 없이 우리 입속으로 두어 숟갈 맑은 산초기름을 넣어주었으나 목구멍에 걸려 쉬이 넘어가지 않았다 장맛비 내리면 나의 볼은 지금도 물먹은 능소화처럼 아래로 잔뜩 부푼다 문 밖으로 나가지도 못하고 여전히 결석 중인 아이가 되어 삼켜도 삼켜지지 않는 기억을 목구멍에 걸어두고 할아버지가 저벅저벅 걸어오는 소리를 듣는다 당신의 자전거 바퀴에 걸린 와룡산 칡넝쿨이 어푸어푸 비를 토하며 따라오는 소리를 듣는다 꿀꺽 한 숟갈 더 삼켜야 어른이 된다는 할아버지의 말씀 끝내 거역한 아이는 삼십 년이 지난 후에도 여전히 어른이 되지 못한 채

—「삼켜지지 않는 기억」 전문

이 시의 가장 큰 특징은 체험의 연속성을 보여주는 부분이다. 시인은 "이 비는 삼십 년 전부터 시작되었고 나는 계속 이 빗속에서 살아온 것만 같다"고 무의식적 독백을 내비치고 있다. 더 나아가 "장맛비 내리면 나의 볼은 지금도 물먹은 능소화처럼 아래로 잔뜩 부푼다 문 밖으로 나가지도 못하고 여전히 결석 중인 아이가 되어 삼켜도 삼켜지지 않는 기억을 목구멍에 걸어두고 할아버지가 저벅저벅 걸어오는 소리를 듣는다"고 하여 유년의 체험이 실존적 현재성에 영향을 미쳐

볼거리의 볼이 부풀어 오름을 느끼고, 그 가운데 할아버지의 발걸음 소리를 듣는다. 이는 이성적 현실의 측면에서는 환상을 보거나 환청을 듣는 것이라 할 것들로 허상의 것들이지만, 저 마음의 깊이에서 일어나는 영혼의 꿈틀거림이 현재의 나의 생각과 행동에 영향을 미쳐 그러한 현상적 형태로 나타나게 되는 것으로 볼 수 있다. 이것은 고향에 대한 시인 김형엽의 태도가 단순한 감상과 회상에 그치는 것이 아니라 지금 여기의 현실에 영향과 파장을 미치고 있음을 단적으로 드러낸 것이라 할 수 있다. 곧 삶에 대한 의미 찾기를 고향과 관련된 기억과 이미지를 통해 고집스럽게 수행해나가고 있다고 볼 수 있는 것이다.

그때 '고향', 특히 유년기에 겪었던 고향의 풍경과 정취는 시인에게 절대적 방향타가 된다. 자신의 실존적 삶의 의미와 방향을 결정짓는 키가 되는 것이다. 이러한 것을 우리는 존재의 운명과 삶의 의미를 결정짓는 신비한 방향성이라 부를 수 있지 않을까? 이는 하루야마 시게오의 『뇌내혁명』에 나오는 우뇌적 사유와 현상을 떠올리게 한다. 하루야마의 말에 따르면 인간의 뇌는 좌뇌와 우뇌로 나뉘어져 있는데, 좌뇌는 자기뇌란 이름으로 지금까지 살아온 정보가 입력되어 현실적 이성적 판단을 하는 데에 쓰이지만 우뇌는 선천뇌로 부모로부터 태어날 때 미리 가지고 있는 정보가 입력되어 있는 뇌라고 한다. 그런데 이 우뇌의 유전자 정보에는 500만 년 전 원숭이에서 인류가 출현하기까지의 모든 진화과정을 담은 정보가 들어있다고 하는데, 사람이 살아가는 데에 가장 중요한 본능이나 지혜, 나아가 생명의 신비한 법칙까지 들어있다는 것이다.

문제는 이 우뇌에 새겨진 유전자 정보에는 어떤 목적을 가지고 행동하는 신비한 방향성이 있다는 점이다. 사람은 누구나 마음 속 깊은 곳에 무엇인가를 이루고자 하는 이상적이고 완전한 상상의 세계를 지니고 있다. 바로 이상적이고 완전한 상상의 세계가 우뇌의 유전자가 가고자 하는 신비한 방향성을 가리킨다. 김형엽에게 이러한 신비한 방향성이 그의 실존적 삶의 과정으로 볼 때 유년의 바다를 낀 고향, 즉 그 고향의 풍요성과 평화로움에 놓여있다고 볼 수 있는 것이다. 이는 마치 식물이나 곤충이 향일성(向日性) 또는 굴광성(屈光性)이란 이름으로 빛을 향해 나아가는 것과 유사한 것이다. 그만큼 김형엽 시인에게 고향은 절대적 그리움의 대상이자 자신의 실존적 삶의 완성을 이끌어내는 어떤 성스러운 대상이 된다.

이 유년의 고향과 맞물려 당연히 물의 상상력과 모성적 평화, 그리고 범신론적 사물의 공존이 그녀의 시에 깃들여 있음은 두말할 필요가 없다. 어머니와 유년, 그리고 물로 이루어진 고향은 동심원적 전체성을 이루면서 매우 아름다운 서정의 세계를 형성하게 되는 것이다. 이 원환적(圓環的) 전체성의 풍경이야말로 우리가 늘 꿈꾸던 동일성의 세계이지 않은가! 그런 점에서 독일의 낭만주의 시인인 노발리스가 "철학이란 본래 고향을 향한 향수이자 어디서나 자기 집에 머물고자 하는 충동"이라고 말한 것이야말로 김형엽 시의 특징을 요약하는 것이자, 인간이란 존재의 본질적 특성과 운명을 알려주는 것임을 알 수 있다.

따라서 고향은 애틋한 기원이자 목표다. 동일성의 무대로서 우리의 근원이 되면서, 현실적 삶에서 우리가 겪고 있는 결핍과 무의미, 소외와 고립의 삭막함으로부터 벗어나 끝내 닿고 싶은 목표점이 된다. 존재의 탄생을 담당한 곳으로서 탄생 이전의 신비와 탄생 이후의 생의 쓸쓸함, 탄생의 종말로서 맞게 될 죽음 후의 허무까지 이 모든 삶의 의미와 존재의 특성을 고향이란 장소성을 통해 사색할 수 있다. 그런 점에서 고향은 애틋함과 쓸쓸함과 동경의 막연한 실체, 우리가 손을 뻗으나 손닿지 않는 '우주의 가장 먼 곳'의 대상이 된다. 이번 시집에서 다음 시로 김형엽 시인은 그와 같은 복잡한 감정과 사상을 담아내고 있다. 그 시는 이렇다.

> 오래전 옥이 언니가 살다 간 집
> 앉은뱅이 우물이 딸린 집
> 물때를 기다리는 사람들이
> 담벼락에 기대고 앉아 있던 집
> 바다에서 돌아온 아이들의 몸을
> 가장 먼저 헹구어 주던 집
> 봄이면 목련꽃 한 그루
> 새들의 등대가 되어주던 집
> 여윳돈이 생기면 그 집을 사
> 바지락 수제비를 팔고 싶던 집
> 그러나 나보다 먼저 무당이 들어와 살던 집

얼굴 한 번 본 적 없는 그녀가
누구의 배웅도 없이 떠나고
몇 달 후 무너져 내린 집
이듬해 가을장마 덮치던 날
폐허 속에 홀로 울게 할 수 없어
독기 오른 푸른 담쟁이넝쿨 칭칭 걸어
우물까지 마저 데리고 가버린 집

―「바닷가 마지막 집」 전문

참, 신비롭고 아름다운 시편이다. 닿을 수 없는 어떤 대상에 대한 애절하면서도 아련한 그리움과 애틋함을 배면에 깔고 있다. 이 시의 본질은 결코 잊을 수 없는 장소와 그 장소에 대한 기억의 의미다. 제목으로 나와 있는 '바닷가 마지막 집'은 시적 내용으로 볼 때 화자의 기억 속에 남아 있는 고향의 풍경이다. 이때 고향의 강렬했던 기억의 장소는 결코 '잊을 수 없는 의미'의 기원, 곧 가장 충만했던 삶의 모습이 담겨있는 근원이다. 이미 앞에서 줄곧 보았던 그리운 어머니의 품속과 같은 곳이다.

이런 시들에서 보이는 유년의 행복했던 심상들은 현재의 결핍을 되새겨주며 그것을 극복할 가능성의 한 방법으로 제시되는 것으로 볼 수 있다. 곧 발터 벤야민이 말했던 '근원이 목표다'의 경구에 부합하는 것이다. 다만 이 시에서 시적 표현들이 "물때를 기다리는 사람들이/ 담벼락에 기대고 앉아 있던 집", "새들의 등대가 되어주던 집" 등으로 과거형으로 제시되고 있는 것은 시적 화자에게 완전체로 주었던 고향의 의미가 지금 현재에는 잃어버린 것임을 드러내고자 함이다. 실제 현실 속의 자의식이 자신이 유년에 겪었던 고향과 어머니의 품속은 현재 존재하지 않음을 인식하고 있다는 의미다. 정서적 측면에서 애틋함과 아쉬움의 감정이 배면에 남아돌게 함으로써 우리 인간 존재의 본질적 속성으로서 '시간에 처단된 불가역성'을 드러냄이다. 죽음으로 풍화되어 가는 인간 존재와 그것을 가속화시키는 시간에 대한 고통, 그런 와중에 잊혀지지 않는 절대적 의미로서 고향이 변주되어 복잡하고 몽롱한 시 세계를 구성하고 있다.

그렇지만 김형엽 시에서 얻을 수 있는 단 하나의 진리는 기억이 가지는 가치의 절대성이다. 고향에 대한 그리움은 기억에 의존한다. 그리고 기억은 앙리 베르그송이 말한 것처럼 그 사람의 존재성 그 자체가 된다. 고향에 대한 기억으로 삶의 의미와 현실적 실존의 정체성을 추구해가는 김형엽 시인의 경우, 서정시의 시쓰기는 그야말로 제 삶의 의미를 온전히 오롯하게 지키는 방법이 된다. 서정시의 문장이야말로 기억, 곧 추억을 통해 잃어버린 낙원의 꿈을 동화와 투사로 끌어당겨와 하나가 되고자하는 비전이자 사상이기 때문이다. 상상력을 통한 완전한 동일성의 획득이야말로 현실 속의 인간들은 이해할 수 없지만 영혼의 파동과 운명에 민감한 사람들이라면 이러한 방법에 동의할 수 있고 동참할 수 있다. 시간의 초월 내지 영원화는 대상과 거리를 없애는 시적 표현만이 가능하다. 김형엽 시인이 시를 쓸 수밖에 없는 운명과 사상이 여기에 담겨 있다. 그렇게 볼 때 김형엽 시인의 이번 시집은 결국 존재의 충만을 따라가고 추구하기 위한 시적 행위로 볼 수 있고, 그것이 자신의 실존적 삶을 이루어가는 방식임을 천명하는 것으로 볼 수 있는 것이다. 그때 김형엽의 시적 사상에 따르면, 고향은 외롭고 허무한 우리 인간의 영혼을 이끄는 성현의 등대가 된다.

신생시선 · 59
여전히 어른이 되지 못한

지은이 · 김형엽
펴낸이 · 원양희
펴낸곳 · 도서출판 신생

등록 · 제2003-000011호
주소 · 48932 부산광역시 중구 대청로 135번길 5(401호)
　　　w441@chol.com　www.sinsaeng.org
전화 · 051-466-2006
팩스 · 051-441-4445

제1판 제1쇄 · 2022년 8월 26일

공급처 · 도서출판 전망

값 10,000원

ISBN 978-89-90944-75-7

*저자와의 협의에 의해 인지를 생략합니다.
*이 책 내용의 전부 또는 일부를 재사용하려면 반드시 저작권자와 신생 양측의 동의를 받아야 합니다.

*이 도서는 2021년도 한국문화예술위원회 아르코문학창작기금지원사업에 선정되어 발간되었습니다.